U0034931

嬰兒命名一本通

Baby Naming

命名超好用，吉祥富貴好運勢

命理大師
黃恆堉
李羽宸

作者 黃恆堉 序

一個人無法決定他什麼時候出生（這叫命），但卻有改變生活環境的權利（這叫運），所以出版這本嬰兒命名寶典，無非就是要讓為人父母者能夠運用姓名學理論為寶貝取個好名，以便讓小孩長大後有更好的運勢，這是為人父母者可以決定的不是嗎？

姓名會影響一生行運嗎？所謂「落土八字命」，人一出生，命已註定，是好或是壞？如佛教所說，這是因果之關係，非你我所能決定，但後天的姓名，卻可由父母來選擇，也可以經由自己再更改，而來掌握自己，改變自己。

姓名學派在坊間至少有十多種，其中有一種最受一般人所接受的姓名學派，就是【生肖姓名學】，在傳統論名或命名是以所謂之出生年、月、日、時為依據，而生肖姓名學，乃是以姓氏搭配生肖而推斷出其祖蔭、夫妻對待、身體狀況、內心世界、朋友感情、工作事業、金錢多寡、兒女子孫、六親情況、有無財庫等等，也就是說「是誰所製造的」因果關係，而非一般傳統八字看五行相生相剋、或筆劃數多寡。相信大家都了解，同樣八字的人，出生在「名人家」、「富人家」、「窮人家」、或我們一般平凡人的家裡，命格及出發點是絕不相同的。

生肖姓名學是以生肖地支五行及天干五行為主體，姓名為客體交互對照，所產生之「生肖喜忌」、「五行生剋」、「三合」、「三會」、「沖」、「刑」、「破」、「害」；再加上「造字學」、「拆字學」、「春秋禮數」、「萬有引力」及「姓氏本命八字」，綜合所有原理來論斷其吉凶禍福：

本書完整的提供坊間最早沿用的一套姓名學【三才五格 81 數】吉凶理論，

只要您根據本書所提供的【筆劃格局配置表】選該生肖的喜用字填上去就完成一組好名字了，這絕對是一本對您非常有幫助的一本取名或論名之教科書。

台中市五術教育協會 創會理事長 黃恆堉
乙未年於吉祥坊易經開運中心
網址：www.abab.com.tw 04-24521393

作者 李羽宸 序

俗話說：「人爭一口氣，佛爭一炷香」，人生在世雖然短短數十年，但是誰不希望能夠飛黃騰達、彪炳千秋？為人父母者，在陰陽交媾的一剎那，冥冥中已有了定數，都祈盼望子成龍、望女成鳳。在十月懷胎兒女誕生的時候，父母親的喜悅自然是不言而喻，但是當下最要緊的是替嬰兒取一個好名字。

雖然人生在世，只不過是區區的

數十寒暑，而人生旅途不如意者，十有八九。賴以命一好名字，一生輔助行運，福自天來。亦即一生命運好壞，絕不是上天註定，而是全在人為，設若筆劃為吉，姓名配合與三才五格陰陽組合均吉，則受姓名之吉利而潛移默化，孩子定當得貴裨助，吉祥如意。

這是一本除了命名最基本要用到的「三才五格學派」、「八十一數理劃數」、「十二生肖姓名學派」之外，並且特別介紹在命名時最重要的八字喜忌，該如何用名字來補足先天命不足的方法，以及「形、音、義」兼具六書「象形、指事、會意、形聲、轉注、假借」與姓名筆劃多寡吉凶的運用。

易學裡最重要就是先天八卦「河圖」、後天八卦「洛書」。先天為體，後天為用，運用在先天八字與後天姓名，其原理是不謀而合。也就是說人生的命運與先天八字和後天姓名是造成命運好壞非常重要的因素之一。若命名不配合先天八字與生肖，那麼每個人依據自己的姓氏，都可以叫做「郭台銘」、「張忠謀」、「蔡宏圖」、「王雪紅」，相信在許多華人的地方同名同姓的人應該是不少吧！但他們會有相同的命運嗎？

答案當然是否定的。因為不同的包括生肖、年次、出生地經緯度、陽宅居住環境、陰宅祖基風水、心性福德、教育環境、兄弟朋友、父母親、老師、配偶、子女、合夥人等，都會造成同名同姓不同命的結果，所以一定要選擇諸多學理，提高命名後的靈動力量，才能為自己的未來創造佳機。

高雄市五術教育協會 理事長 李羽宸
乙未年孟春謹序於吉謙坊命理開運中心
網址：www.3478.com.tw　0930-867707

目錄

第五章 三才五格數理學開運原理

第六章 這年頭，每個人都需要懂的生肖姓名學

第七章 吉數命名配置資料庫

前言

老子曰：「無名，天地之始；有名；萬物之母。」人人皆有名，以辨甲乙與你我，蓋天、人、地，位列三才，人居其中為重為貴也！如天若有名「天行健。」；地若有名「德載物。」；人若有名「效聖人。」故今人為子女取名除了冀望能夠富貴吉祥，福壽雙全之外，更應兼具誠正信實與品行教養。

「名者」－父母所賜，以正其體，

是為天，而定心意；「字者」－恩師所貺，以表其德，是為地，而崇仁義；「號者」－自己所愛，以潤其身，是為人，而寓情懷。故無論是老師或親友命名，筆者最希望讀著能利用此書為自己子女撰取一個吉祥開運的好名，此乃姓名為父母長輩名正言順之所賜矣！因為莫改名之好處有四：其一，「父親高興」；其二，「母親慶幸」；其三，「兒女榮幸」；其四，「子孫三生有幸」。嬰兒命名何其重要，「嬰」為女，「兒」為男；名字如結婚之原配，改名似離婚再娶。故改名亦須改心，感懷父母之恩德。

這是專為初為人父母者編寫的一本姓名學，就算是從來沒有研究或學習過五術命理，只要讀者能夠依照本書的命名與改名程序，則要撰取一個動聽流暢，吉祥如意的好佳名，將不再是難事！命名與改名的程序步驟：

一、直接利用本書第三章第一節命名考慮的各種條件，避免不好的諧音，如伍芬宗（五分鐘）、艾有為（哎喲喂）、鄭錦彰（真緊張）、關金鵲（關錯鳥）、何宗耀（喝中藥）等。

二、以本書第七章第一節各姓氏最佳筆劃組合，選擇三才五格與劃數的配

合，輕鬆完成複雜的格局配置。

三、利用本書第四章第三節字體陰陽與筆劃多寡吉凶論述，了解姓名筆劃順序多寡的吉凶，以為選擇最佳命名之參考。

四、最重要的是運用本書第六章第七節各種生肖喜歡或不喜歡之字型及字義，選擇各生肖的喜用字，包括生肖屬性、食性、環境的喜忌予以命名。

五、若還選不到想用的喜用字體，就可以參考其他各章節的論述，尤其是第六章這年頭，每個人都需要懂的生肖姓名學，只要參考其內容，則各生肖字體的選擇，對於初學者來說，也是一件簡單輕而易舉的事情。

六、改名必須要有改名疏文，請查第七章第三節開運改名上表疏文，連續三個月，初一或十五至天公廟或當地土地公廟，敬拜化疏。若改名而無疏上表，稟呈上蒼，則百年之後，恐成遊魂矣！

本書非常適合初學者使用，因為只有簡單易懂的文字，循序漸進的條理，以命名最實用的方式呈現，筆劃吉凶的運用，三才五格的配置，生肖姓名的喜忌，六書文字的意義，做為命名的基礎，相信讀者一定能在此書，得到非常滿意，而且意想不到的收穫。讀者看完此書之後，若有不明瞭的地方，筆者竭誠歡迎來電諮詢及分享，謝謝大家，感恩！感恩！再感恩。

第一章

命名改名，您必須要懂的五行基礎

第一節、認識五行是學習五術的根基

認識五行是學習五術的根基，「五」就是木、火、土、金、水；「行」就是變易、運動、發展之意。也就是五行各有其陰陽與生剋制化的現象，它是無時無刻存在於天地人之間，在運用上須配合陰陽，太多、太少、太強、太弱、太旺、太衰，

以及節氣的變化，來判斷吉凶。

金旺得火，方成器皿；火旺得水，方成相濟；水旺得土，方成池沼；土旺得木，方能疏通；木旺得金，方成棟樑（剋之得宜）。

金賴土生，土多金埋；土賴火生，火多土焦；火賴木生，木多火熾；木賴水生，水多木漂；水賴金生，金多水濁（生之太過）。

金能生水，水多金沉；水能生木，木多水縮；木能生火，火多木焚；火能生土，土多火晦；土能生金，金多土變（洩之太過）。

金能剋木，木多金缺；木能剋土，土多木折；土能剋水，水多土流；水能剋火，火多水熱；火能剋金，金多火熄（剋之不及）。

金弱遇火，必見銷鎔；火弱逢水，必為熄滅；水弱逢土，必為淤塞；土弱逢木，必為傾陷；木弱逢金，必為砍折（剋之太過）。

強金得水，方挫其鋒；強水得木，方洩其勢；強木得火，方化其頑；強火得土，方止其燄；強土得金，方制其壅（洩之得宜）。

命理通鑑：「旺者宜剋不宜洩，旺

極宜洩不宜剋」。先天命八字五行得令、得地、得勢，謂之「旺」；八字五行失令、失地、失勢，謂之「弱」。不以從格為論，旺者宜剋洩，弱者宜生扶，此為求得五行中和於「命名改名」時的第一要務。

第二節、十天干與十二地支的五行生剋制化

1、五行的介紹

天干地支求的是五行流通，生生不息。因為五行就是周行不殆、反覆循環，天地萬事萬物隨時都在變化之中。易學曰之「易」；道家名為「道」；命理學

家謂之「行運」，皆涵蓋有變遷之意。是故命理學家特別注重五行氣勢均衡流通，單一五行獨旺或偏枯，則應以後天命名求得五行俱足中和流通予以彌補。雖未必能名利雙收、福祿壽齊，至少可以平平安安、日月星照。

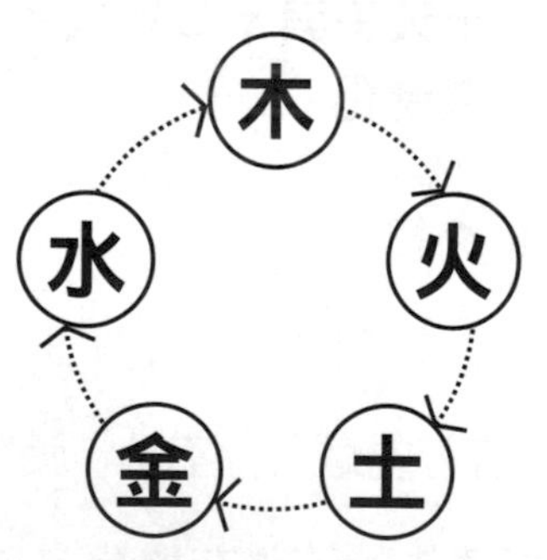

五行相生（圖一）

木生火、火生土、土生金、金生水、水生木

五行相生（如圖一）：

木生火：木為火之本源，鑽木取火為意，故木能生火。

火生土：火燃燒之後化成灰，灰塵積於土地，故火能生土。

土生金：土中經篩選之後化為金石，故土能生金。

金生水：金雖為硬物，但經過高溫熔化之後化為液體，故金能生水。

水生木：水為灌溉之源，木有了滋潤方能成長，故水能生木。

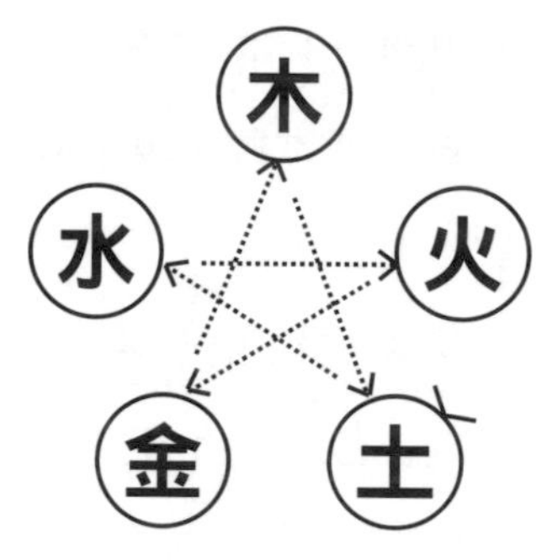

五行相剋（圖二）
木剋土、土剋水、水剋火、火剋金、金剋木

五行相剋（如圖二）：

木剋土：樹木植入土中，吸取來自土中養分，故木能剋土。

土剋水：所謂「兵來將擋，水來土淹」，土可淹沒水之溢散，故土能剋

水。

水剋火：火炎炙熱，遇水調候，火便熄滅故水能剋火。

火剋金：金雖為硬物，但經過高溫熔化之後化為液體，故火能剋金。

金剋木：大斧、小刀可以砍伐大樹、小草，亦能雕刻成品，故金能剋木。

2、天干、地支的認識

天干：甲、乙、丙、丁、戊、己、庚、辛、壬、癸。

甲、丙、戊、庚、壬，屬陽。

乙、丁、己、辛、癸，屬陰。

地支：子（鼠）、丑（牛）、寅（虎）、卯（兔）、辰（龍）、巳（蛇）、午（馬）、未（羊）、申（猴）、酉（雞）、戌（狗）、亥（豬）。

地支與生肖、月份、陰陽、五行的關係

地支	生肖	月份	五行	陰陽
子	鼠	11月	水	陽
丑	牛	12月	土藏水	陰
寅	虎	1月	木	陽
卯	兔	2月	木	陰
辰	龍	3月	土藏木	陽
巳	蛇	4月	火	陰
午	馬	5月	火	陽
未	羊	6月	土藏火	陰
申	猴	7月	金	陽
酉	雞	8月	金	陰
戌	狗	9月	土藏金	陽
亥	豬	10月	水	陰

地支與時辰之關係

時支	時 辰
晚子	23：00～00：00
早子	00：00～01：00
丑時	01：00～03：00
寅時	03：00～05：00
卯時	05：00～07：00
辰時	07：00～09：00
巳時	09：00～11：00
午時	11：00～13：00
未時	13：00～15：00
申時	15：00～17：00
酉時	17：00～19：00
戌時	19：00～21：00
亥時	21：00～23：00

第二章
補足先天命不足的八字命名方法

第一節、與命名息息相關的生辰八字

開運的五大法門：「一命、二運、三風水、四積德、五讀書。」所以命不是唯一決定您一輩子好壞的條件。有人含著金湯匙出世，但是後天運勢卻不好。報紙也常常在報導，有錢人的小孩結交了壞朋友，跑去賭博、吸毒，最後落得窮困潦倒，這就是後天運不好。但是有人生下來很窮，靠著自己認真讀書，後天運又好，比人家有競爭力，將來還是會成功！所以說命好不如運好就是這個原因。

命好心又好，榮華發達早；心好命不好，一生也穩飽；命好心不好，前程恐難保；心命都不好，窮苦直到老。可見平時口說好話，手做好事，心想好願，就能夠轉好運。經常行善積德，做好事發自內心，不求回報，積陰德者必有陽報，此乃「福運自來」的不變法則。

第二節、內政部統計那些名字最多父母喜歡用

根據內政部 101 年全國姓名與姓氏統計顯示，特殊關聯姓氏部份，包括：

【東、西、南、北】、【春、夏、秋、冬】、【甲、乙、丙、丁】、【年、月、日】、【大、中、小】、【多、少】、【真、假】、【是、非】、【厚、薄】、【酸、苦】、【公、母】、【開、閉】都有人採用。

內政部表示，依據民國 101 年七月二日戶籍登記資料，全國姓氏數量共有【1517】姓，人數為【23,336,980】人；複姓【119】姓，人數為【30,428】人；

姓氏未符我國國民使用習慣者、姓名逾六字、罕見姓氏等共【4383】人。

內政部指出，一些特殊關聯姓氏也都有：

【東（893人）、西（45人）、南（450人）、北（8人）】、【春（37人）、夏（16,839人）、秋（197人）、冬（78人）】、【甲（28人）、乙（27人）、丙（1人）、丁（48,234人）】、【年（97人）、月（390人）、日（231人）】、【大（23人）、中（10人）、小（18人）】、【多（63人）、少（5人）】、【真（6人）、假（7人）】、【是（27人）、非（2人）】、

【厚（4 人）、薄（274 人）】、【酸（2 人）、苦（2 人）】、【公（140 人）、母（86 人）】、【開（62 人）、閉（106 人）】。

全國姓名逾六字者有【981】人，字數最長達 13 字，為男性。姓名長的大都是原住民、蒙藏人士或是歸化國籍者，這也顯現台灣是個多元社會。

夫妻同姓方面，依傳統習俗，同姓不婚，但是經過比對，全國夫妻同姓總對數為【174,399】對（不含冠配偶姓，但包括日治時期結婚去原姓變更為夫姓），似未受同姓不婚影響。前十大夫妻同姓依序為：【陳、林、黃、李、張、王、吳、劉、蔡、楊】，合計136,018對。

夫妻同名字方面，全國夫妻不同姓，但是同名總對數為【38】對，夫妻同名同姓全國只有【1】對。

男性前十大常見名字統計					
名次	名字	人口數	名次	名字	人口數
1	家豪	14229	6	志偉	11413
2	志明	14022	7	志豪	11349
3	俊傑	12988	8	文雄	10940
4	建宏	12695	9	金龍	10419
5	俊宏	12812	10	正雄	10388

女性前十大常見名字統計					
名次	名字	人口數	名次	名字	人口數
1	淑芬	33063	6	麗華	23974

2	淑惠	30935	7	淑娟	23742
3	美玲	27914	8	淑貞	23670
4	雅婷	25103	9	怡君	21971
5	美惠	24312	10	淑華	20378

全國前十大同名同姓人口統計			
男性		女性	
陳冠宇 (3908)	陳冠廷 (2389)	陳怡君 (6199)	陳怡如 (3290)
陳建宏 (3690)	陳信宏 (2203)	林怡君 (4815)	陳美惠 (3288)
張家豪 (2988)	林俊宏 (2201)	陳淑芬 (3958)	陳淑惠 (3100)
陳俊宏 (2967)	陳柏翰 (2198)	張雅婷 (3759)	林淑惠 (3070)
林建宏 (2466)	陳彥廷 (2078)	陳美玲 (3353)	陳淑貞 (2945)

各世代前三大取用名字統計		
出生年	男性	女性
民國 1 年～ 9 年	金水、金山、 明	玉蘭、秀英、 玉
民國 10 年～ 19 年	金水、金龍、 金生	秀英、玉蘭、 玉英
民國 20 年～ 29 年	正雄、文雄、 武雄	秀英、玉蘭、 玉英
民國 30 年～ 39 年	正雄、武雄、 文雄	秀英、秀琴、 美玉
民國 40 年～ 49 年	金龍、進財、 榮華	麗華、秀琴、 秀美
民國 50 年～ 59 年	志明、志成、 文雄	淑芬、美玲、 淑惠
民國 60 年～ 69 年	志偉、志明、 志豪	淑芬、雅惠、 淑娟
民國 70 年～ 79 年	家豪、志豪、 志偉	雅婷、怡君、 雅雯
民國 80 年～ 89 年	家豪、冠宇、 冠廷	雅婷、怡君、 怡婷
民國 90 年～ 99 年	承恩、承翰、 冠廷	宜蓁、欣妤、 詩涵
民國 100 年～ 101 年六月	品睿、承恩、 承翰	品妍、詠晴、 品蓁

據此得知，姓名雖然相同，但是八字生辰不同，命運就會有其差異性存在，反之亦然。一個人的先天條件，除了「落土時，八字命」之外，包括受教環境、配偶、朋友、員工、部屬、陰陽宅風水、個人修養與行善積德、姓名等，就是輔助先天條件的因素。

先天謂之「命」；後天謂之「運」。姓名配合先天不足的五行數理，便能夠轉禍為福，達到趨吉避凶的目的，開創人生美好的未來，也就是找到生助本命的八字喜用神，以姓名數理的原理（三才五格中的木、火、土、金、水），對於日干的強弱，達到扶抑、調候、病藥、通關來輔助命名。

第三節、八字陰陽調和命名法

姓名不僅是對一個人稱謂的符號，更是關係到每個人一生事業、婚姻、健康、社交、財源、子女、家庭等。是故好名難取，必須以八字、生肖，配合數理劃數，字形、字音、字義種種條件，方能賜子一個好佳名，切勿在不懂數理吉凶與八字喜忌的情況之下，任意為子女命名，則肯定是未蒙其利，先受其害。

在此特別整理出命名的經驗與法則，期望能為子女創造人生的優勢，贏在起跑點。

1、八字用神喜忌

選擇八字的喜用數理，以「扶抑、調候、病藥、通關」的原理。取出最適用的五行數理，運用在命名之上，以補足八字五行的不足。

2、八字陰陽調和

易云：「孤陰不生，獨陽不長。」亦即無陽則陰無以生，無陰則陽無以化。

陰陽存在著互補的關係，互相依偎，互相轉化，任何一方都不可能離開另一方而單獨存在。陰陽調和就是補助生辰八字的一種方法，在於命名的時候，以八字為主，純陽則補陰，純陰必補陽，進而達到八字的陰陽平衡。

3、五行配置原則

取名的數理縱使都是吉祥劃數，但若是五行配置不佳，亦不能稱之為吉祥佳名。故在命名的時候，五行陰陽相生也是命名必須要注意的環節。

4、文字選用與命名法則

中國文字的形成，有其歷史的淵源，絕非憑空捏造，而是以眼見之實，經過事實的記載或是描述當時之意境或情境，再化為文字，以作表示，所以，在每個文字當中，都隱含了事實的呈現，和很深的意境與意涵。是故取名擇字要注意一些事項：

(1) 避免出現不佳的字形、不雅的諧音、不當的字義。

(2) 避免選用筆劃數太多、太饒舌、怪異字、冷僻、孤僻的文字。

(3) 避免選用自己生肖忌諱的字。

(4) 在中國春秋禮數中，母舅的地位很高，應該避免選用與母舅相同的字，甚至同音的字都會有所忌諱。

(5) 避免選用與祖先相同的字或同音的字。如此將小孩當祖先來叫，違反禮制。

(6) 嬰兒命名的時候，最好能配合父母生肖，避免沖剋。

(7) 已婚者要改名，必須配合另一半的生肖，避免沖剋。

第三章

如何命好名、改好名

第一節、命名該考慮的各種條件

孩子是父母心中的寶貝，也是國家未來的希望，可見孩子名字的【形、音、義】相當重要。您可知道世界上什麼字及聲音最美妙，最順耳，當然就是自己的名字，所以取一個好名字就顯然格外的重要喔！

「形、音、義」是文字構成的三大要件，更是命名的三大要素，形者字形也、音者字音也、義者字義也。命名時之撰用，必須全部列入考量。

◎字形分為：

甲骨文、金文、小篆、隸書、草書、楷書。首先字形可參考（第六章第三節）男女忌用字形解析及選擇，對於八字身弱之象的人如用此字形，可能會勞而無獲。暗藏淒冷、不祥、孤寂、冷傲等之字形，應盡量避用，畢竟在後天運的補強上，不僅毫無助益，反而會適得其反。

◎字音分為：

一字一音或一字數音。一定要考量當地說話習俗的「諧音」，當然諧音也有好壞的想像，如「許佑萍」，台語的念法就好像「苦又貧」；「何宗耀」是不是身體欠佳，常常在「喝中藥」；「崔金雄」，有如開車又快又急的「催金雄」；「李庭菁」雖然許多人的念法都是「庭青」之音，但正確讀法有如「妳停經」；「詩涵」也有著「屍寒」的諧音。是故命名改名之後，老師都會特別交待要別人常常念他、叫他，是否會有不雅的「諧音」，因為一般命理老師都會很認真盡心的幫人取好名，只是在字音方面，礙於各地習俗的不同，而會有所差異，所以一定要進行這一道非常重要的命名程序，方能取個好名。

◎字義分為：

本義以及別義。命名時字義非常重要，在此特別將姓名的字義做個連結解釋。木→火→土→金→水為相生五行；木→土→水→火→金為相剋五行。命名時除了字義選擇之外，更重要的是它能表達對人、事、地、物、相生、相剋的種種意境，字義的好壞固然重要，但是姓名的排列組合，也會造成吉凶的不同，這也是命名時的重要關鍵。

◎【木】五行類的生剋關係：

李、宋、林、杭、松、柯、柏、梅、柳、楊、榮等都是五行屬「木」的姓氏，名字喜歡、木木水、木水水順生，表示樹木有了水源，綠葉處處，生機無限。若選擇名字有「土」、「金」的字體，雖然樹木除了需要水源灌溉之外，也需要依靠「土」壤的生長，但若是木太多而土弱，一般都會有消化系統的毛病，若使用「金」的字體，則會有金剋木的現象，免疫系統就會比較差，所以在姓名的選擇與排列上，必須要多加注意。

◎【火】五行類的生剋關係：

午、朱、昌、狄、馬、許、夏、焦、曾、談、駱、魯、熊等都是五行屬「火」的姓氏，名字喜歡火土金、火木水順生，與八字「地支聯珠」同論，如年生月、月生日、日生時或時生日、日生月、月生年，無論是姓名五行順生或是八字五行順生，對於命運都會有莫大的助益。若選擇有「水」、「金」的字體，則火剋「金」太過，會有呼吸系統方面的毛病，「水」剋火，就會有循環系統方面之疾，命名時宜慎用之。

◎【土】五行類的生剋關係：

丘、田、杜、封、邱、黃、路、童、陸、陶等都是五行屬「土」的姓氏，名字喜歡土金水、土火木順生，與姓名「三才格局」同論，天格生人格、人格生地格或地格生人格、人格生天格，息息相生，生生不息。若選擇有「水」、「木」的字體，則土剋「水」太過，會有泌尿系統方面的毛病，「木」剋土，就會有消化系統、脾胃之疾。

◎【金】五行類的生剋關係：

刀、白、申、辛、金、鳳、錢、鐘、鍾、薛等都是五行屬「金」的姓氏，名字喜歡金土火、金水木順生，相生有情，相生有助，若選擇有「木」、「火」的字體，則金剋「木」太過，會有免疫系統方面的毛病，容易疲勞，肝膽不好，「火」剋金，就會有呼吸系統方面之疾，肺部、氣管、喉嚨、牙齒、筋骨、大腸不佳，而且會有破財損耗之象。

◎【水】五行類的生剋關係：

水、江、沃、沙、池、汪、沈、洪、

汲、康、游等都是五行屬「水」的姓氏，名字喜歡水木火、水金土順生，水木相生或是金水相生，都是屬於吉祥如意之排列，若選擇有「火」、「土」的字體，則水剋「火」太過，會有心臟、血管、血壓、眼睛、小腸等循環系統的毛病，「土」剋水，就會有泌尿系統方面之疾，膀胱、腎臟、子宮、卵巢不佳。

以上五行的生剋關係，只是以字義的排序論其吉凶，並沒有加入劃數五行或生肖吉凶喜忌，所以命一個好名字，除了「字形」、「字音」、「字義」之外，還是要有數理的配合。

家家皆有姓，人人皆有名，其代表的文字為心性品格，祖脈延續，定當飲水思源，朔本追源。有姓氏之動物如：牛、羊、貝、虎、馬、魚、豹、熊、龍、鳳、駱、鮑。植物如：竹、艾、李、梅、桂、杞、麥、梁、柳、楊、蘭、蘇。顏色如：白、朱、金、赤、紅、青、黑、紫、黃、藍、銀、墨。無論任何姓氏，皆無好壞優劣之分，只有配合名字，才會顯現出吉凶之象。

名字有太多「口」的字形，如「喬品」、「嘉和」、「合器」…..等，容易有口舌之爭，而頻生是非，但若是生肖配合得宜，而且是從事需要口才的業務工作，反而適得其用。

名字有太多「王」、「帝」、「主」、「君」、「大」、「長」、「首」、「冠」之字形，一國難容二君，表示心性不一，矛盾時而易見，主觀意識強烈，與人相處常有摩擦，導致人際關係不好。

名字有太多「女」的字形，常言道：三個女人在一起，有如菜市場，「前人說的好，世上最長壽的人，就是七嘴八舌、東家長西家短的長舌婦，妳應該多學學她們，這樣妳才會長命百歲」！其實這是調侃的話，一個「女」字並不忌，有兩個女以上，多話傾向就會很明顯。

閱讀此書會有一種莫名開心的感覺，因為沒有艱澀的學理，只有淺顯易懂，平鋪直敘的論述，這是一本繼 101 年 6 月「嬰兒命名，就用這一本」出版之後，為了讓讀者方便閱讀，容易攜帶，特別以「嬰兒命名，就用這一本」為主軸，重新撰寫的一本姓名學，學生們同樣熱絡的互邀親朋好友爭相訂購，畢竟為人父母，都希望將來的子女「成龍成鳳」，況且有了這本命名的工具書，不僅可以幫助自己也可以教人命好名、改好名。

台灣這幾年已經是全球生育率最低的國家，少子化的現象日益嚴重，根據行政院經建會於 2010 年統計結果，台灣人口再過 12 年左右，將會呈現負成長，這與經濟結構和社會變遷有很大的關連。

由此可知，每位新生兒的誕生，都是父母親的「心肝寶貝」、「掌上明珠」。生男孩為「弄璋之喜」，生女孩為「弄瓦之喜」，歡喜之中便要為子女撰取一個好佳名。

新生兒誕生要在 60 天內完成命名，爾後成年之前可依法改一次名字，若要再改名，則必須等到本人 20 歲成年之後，才能再改名，為的是保障本人的權益，預防父母親或長輩一時的情緒或衝動，而造成往後無法彌補的遺憾。若已經改了兩次還要再改，必須同戶籍（同一縣市）、同名，且雙方均設籍6個月以上，才能再做更名。

第二節、避免使用與家族長輩同字或同音之名

所謂君臣有義、父子有親、夫婦有別、兄弟有序、朋友有信，講究的就是倫理的重要性，所以在為兒女命名的時候，絕對不能夠「犯上」。也就是選用

的名字，千萬不能夠與家族長輩同字，甚至同音都有所忌諱。

家族長輩指的對象包括，祖父母、外祖父母、父母親、親伯公、親叔公、姑婆、伯伯、叔叔、親母舅、舅媽等直系血親之長輩。若嬸婆、嬸嬸、姑丈、姨丈等姻親長輩，就比較沒有關係。

第三節、改名之後身份證是否需要更改

任何事物的影響力，不外乎就是時常去使用它，舉凡陽宅要居住者才會有感應，感冒要看醫生或耐心調養才會好，

命理要時常研究才會精進，同樣的取一個好名之後，一定要常常去稱呼他，更改的新名才會有靈動。

改名之後是否需要更改身分證，一直是每個人共同的疑問？不論是客戶前來命理中心或是來電詢問，總是圍繞著這個話題。其實更改身份證的證明文件並不重要，讓親朋好友，周遭同事經常反覆呼叫、稱呼，才是根本之道。

而且名片也要使用新名字，並且盡量不要加註舊名，包括 E-mail、鑰匙、文具、茶杯等等都可以貼上姓名，此時磁場感應就愈強，名字轉換的力量就愈快。

但若是改名者年紀還很輕，證明文件的手續很簡單，就可以直接更改身份證。

第四節、嬰兒命名與改名的要訣

孔子曰：「名正則言順」，所謂：「實至（名）歸，如影隨形也」，「倉頡造字，孔子授字，道士借字，凡夫習字」。為人父母，都希望「望子成龍」、「望女成鳳」，假姓名文字，引天地陰陽五行之氣，給孩子起個好名字。古人云：「名正言順，名不正則言不順，言不順則事不興，事不興則業不旺」。

姓名是一個符號的代表，關係著每個人一生的運勢，包括健康、財運、婚姻、事業、社交、人際關係……等。當今許多達官貴人、名媛雅士、明星藝人，改名字或是取個藝名，可以說是比比皆是，所以取一個好名字，確實會對運勢產生莫大的影響。

第五節、筆劃數容易誤算的文字

中國文字是古時代倉頡依據魚、蟲、鳥、獸等跡象或形體所創造出來的文字，經過數千年一再的演變，而產生當下人們運用的文字，甚而影響人類之命運至今。

文字筆劃數的計算方法，是以康熙筆劃為其數理劃數，並不是以現代書寫的筆劃數為用，謹將容易誤算的文字筆劃數列述於后：

1、「氵」：本體水字為「4」劃。如「洋」為10劃、「海」為11劃。

2、「忄」：本體心字為「4」劃。如「怡」為9劃、「懷」為20劃。

3、「扌」：本體手字為「4」劃。如「振」為11劃、「揚」為13劃。

4、「犭」：本體犬字為「4」劃。

如「狄」為8劃、「獅」為14劃。

5、「王」：本體玉字為「5」劃。如「玲」為10劃、「珠」為11劃。

6、「礻」：本體示字為「5」劃。如「祐」為10劃、「祥」為11劃。

7、「艹」：本體草字為「6」劃。如「艾」為8劃、「芃」為9劃。

8、「月」：本體肉字為「6」劃。如「肯」為10劃、「胡」為11劃。

9、「衤」：本體衣字為「6」劃。如「表」為9劃、「裕」為13劃。

10、「罒」：本體网字為「6」劃。如「罡」為11劃、「羅」為20劃。

11、「辶」：本體辵字為「7」劃。

如「迅」為10劃、「迪」為12劃。

12、「阝」：本體右邊邑字為「7」劃。

如「郁」為13劃、「郭」為15劃。

13、「阝」：本體左邊阜字為「8」劃。

如「陞」為15劃、「陳」為16劃。

第四章

六書姓名學入門原理

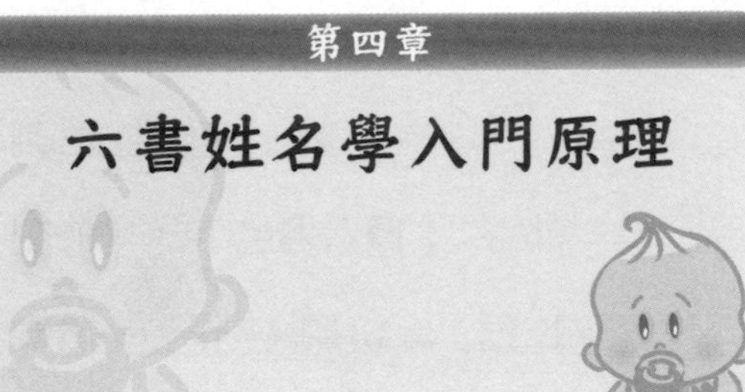

第一節、何謂六書姓名學

姓名學是取用古聖先賢的造字學、生肖學以及拆字學，以生肖的屬性和五行為主體，以姓名的象形、諧音、會意和五行為客體，由主體來比對客體，探討客體提供主體是相生，還是相剋或相刑的一門先天八字的學問。

姓名不僅可以用來預測個人運勢的

訊息，並可細膩且嚴謹地推斷週遭者互動的關係。而適用於國人的姓名學其實還可以細分為以下六大項的學術依據：

一、造字學：

傳說由倉頡所發明的中國文字，起初是以圖形為基本，後來才又發展出「形、音、義」兼具的特色，總共可歸納為象形、指事、會意、形聲、轉注、假借六項法則，也就是一般所稱的「六書」。

二、拆字學：

除去單一筆字義的字以外，幾乎皆可視為是由好幾個不同字義的字或筆劃所組合而成的。按照這個道理，將姓名中的各個字分別拆開，再與天干、地支相對應，便可以推得到其中奧妙的道理。

三、生肖學：

十二生肖的屬性、特質、生活習慣和食物攝取，皆有所異，其中所蘊涵的五行，當然最好能與配屬的名字相對應。

四、五行生剋：

五行相生相剋的道理，亦即相生為金生水、水生木、木生火、火生土、土生金；相剋為金剋木、木剋土、土剋水、水剋火、火剋金。姓名配合生年的天干與地支來相輔相成。

五、春秋禮數：

我們中國既號稱禮儀之邦，對於古聖先賢所用過的字，為了表示敬重，在命名時，最好還是能夠迴避，不予採用。比如說堯、舜、禹、康熙、雍正、乾隆等等。如果生肖格不夠強時，一旦用了，反而容易對自己的運程造成損害；避諱本家祖先的名字，也是基於同一個道理。

第二節、六書的意義

中國的文字基本上是一種圖形文字，而「形、音、義」兼備是它的特色，命名時要以「六書」的造字源由，融會於「六義」之用，方能趨吉避凶，造字和用字的六種法則就是「六書」，僅略述如下：

一、象形：

天象地形也。在天成象，在地成形，蓋天地多變，地形尚定，故有象文與形文之稱，而不稱字。

成象者：日、月、星、辰、晝夜、四季、氣候之象，稱垂象（定象）。

成形者：山岳、河川、動物、植物、生物、地質之形，稱垂形（定形）。

二、指事：

指令諸事也。乃由象形變化而成，因其手指比劃而名之，故指事仍無稱字，為指事文也。

指者：分玉旨、天旨、懿旨，針對人、事、物之指稱各有任務。

事者：分天、地、風、雨、雷、電、山、海，針對各行各業之事，稱士農工商。

三、形聲：

五行聲納也。六書文字當中，以形聲最為簡要，其字形、字聲要相互配合，形正聲雅為上上之選。

形者：非物質之力量，經緯度互相交替變換，無形、無象，稱象形。

聲者：納音、聲納、分貝、律呂之聲，有消長作用，稱吐噪音、納意。

四、會意：

融會字意也。乃為象形、形字或指事文，組合類同而成新字，故從會意始稱字也，於是文字於焉形成。

會者：能者，心安理得，得失不計，順天行道，稱大德、命壽、賢達、明師。

意者： 說明成敗，善惡乃分可為或不可為，然後善於補救之道，稱意識、意念。

五、轉注：

轉文注解也。轉文者，筆劃不變，筆法轉變，乃文變注解也。

轉者： 先先天、後後天、先後天、後先天，抽換象，增一損一的原理，稱變也！

注者： 有剛有柔、可大可小、有吉有凶、有正有反、有險有易，稱相對論。

六、假借：

假格借之也。假者，格也，格物致知或做遐思。其無名無盡，故借而替之。

假者： 有形有象，皆是虛悟者，反而擴展到無止境無限遠，稱無極、無中生有。

借者： 推理、心理、邏輯、哲理、玄理，相互借力變換，稱太極。

第三節、字體陰陽與筆劃多寡吉凶論述

一、字體陰陽

1、凡是一般的單體字，由上而下或

由左到右不能破開成「字」者，就是陽體字。

例如：甲、乙、丙、丁、戊、己、木、金、土等，由中間自上往下破、由上而下、由左到右，不能破開成字，則各所分開的「字」都不成字體者，就是陽體字。

字劃比較多者如：嚴、懿、藕、瀚、徽、聲等字，字劃雖多，而從中間破開則部份「字」可成字體，還有一部份「字」不成字體者，都是單體而屬陽體字。

2、陰體字都是合體字，必須從中間由上往下一直線破開，所破開的「字」

都能成字體者即是。

例如：信、保、侶、紀、法、泳、柯等字體，所拆開的「字」都可以成字體，就以合體字論，屬於陰體字。

二、姓名筆劃多寡吉凶論述

一般人姓名以三個字為最多，由三字筆劃多寡的組合，可大致看出一個人的行運方向。姓名三字的筆劃數以由簡而繁為最佳，三字筆劃的組合有下列六種情形：

1、**「少、中、多」**：姓氏筆劃最少，名一筆劃次之，名二筆劃最多。

屬於富裕的命格，可以靠自己的才華與能力開創事業，自力更生，凡事吃苦耐勞辛勤耕耘，勤儉持家，最終都會存下一筆不小的積蓄。

2、**「中、少、多」**：姓氏筆劃次之，名一筆劃最少，名二筆劃最多。

屬於富裕的命格，出生在富裕的環境，能繼承祖上餘蔭承接家族事業，把握既有的資源，將事業發揚光大。

3、**「中、多、少」**：姓氏筆劃次之，名一筆劃最多，名二筆劃最少。

表示比較會為家中的長輩操煩，深怕他們吃不飽、穿不暖、睡不好。

會盡心盡力照顧他們的生活起居，因此你的生活總是忙碌奔波，難得清閒。

4、**「少、多、中」**：姓氏筆劃最少，名一筆劃最多，名二筆劃次之。

表示在事業上沒有得力的助手或部屬，凡事都必須靠自己處理，在工作上忙碌奔波，勞心勞力。

5、**「多、中、少」**：姓氏筆劃最多，名一筆劃次之，名二筆劃最少。

表示容易為家中長輩與兄弟姊妹而操煩，一生忙碌奔波，難得清閒。在事業上也沒有得力的助手或部屬，自己一個人孤軍奮戰比較勞累，福德少，沒有福氣可以享受人生。

6、**「多、少、中」**：姓氏筆劃最多，名一筆劃最少，名二筆劃次之。

代表運勢還不錯，凡事都可以往好的地方想，沒有什麼事情可以煩惱著你，身心都很健康。長輩與部屬都會幫你打點事情，不必事必躬親。

第四節、姓名與人生

姓名學就是應用源於中國古老的「易經科學」所發展出來的學術，並因此可以分辨姓名或公司名，對於此人或公司會產生何種影響力。如地理風水、卜卦、面相、手相一樣，透過「姓名學」，便可以推算出一個人的個性、際遇、未來運勢及發凶日期和對應之事。

人的命運是由其出生的年、月、日、時的八字所造成的命運屬於無形，姓名則運作一個人的命運於有形。而命運也是有先天與後天之分，這是自然所形成的道理。所以，必須以八字和姓名相配合，才能能夠得以相輔相成。簡單的來說，取名字的方法與功能如下：

一、對照生辰八字五行喜忌來取名字。

二、配合各地方說話的「諧音」，取個好聽又有意義的名字。

三、盡量以簡單好記，順口好聽為取名的先決條件。

四、命名取用意義佳，無艱深難懂的名字。

五、選擇八字所欠缺的五行，以補足八字五行的不足，達到扶抑、調候、病藥、通關的原則。

六、「形、音、義」是文字構成的三大要件，形者字形、音者字音、義者字義，此為命名時的重要關鍵。

七、逢凶化吉，轉危為安。

八、改善家庭失和的狀況。

九、改善身體狀況，可獲得藥到病除。

十、男女早日覓得良緣。

十一、積德行善，福蔭子孫。

第五章

三才五格數理學開運原理

「三才」指的是天格、人格、地格；「五格」指的是三才加上外格、總格。各有其代表的六親關係及思想行為：

天格：代表長輩、上司、父母、丈夫、思想。主一～十二歲運勢，又稱「先天運」。

地格：代表家庭、子女、妻子、晚輩、部屬。主十三～廿四歲運勢，又稱「基礎運」。

人格：代表自己、包括健康、命運、六親關係。主廿五～三十六歲運勢，又稱「主運」或「成功運」。

外格：代表社交、外緣、丈夫、妻子、情侶、遷移、同儕、兄弟姐妹、同學、朋友、夥伴。主三十七～四十八歲運勢，又稱「中年運」。

總格：代表一生運勢、老年時期、行為表現、環境考驗。主四十九～六十歲運勢，又稱

「晚年運」或「總運」。

六十歲過後，同樣依照天格、地格、人格的順序，每格主掌人生運勢十二年。

三才五格之論斷，以人格為主，代表自己，分別與天格、地格、外格、總格形成生我、同我、我生、我剋、剋我的生剋關係，而產生吉凶。

台灣光復初期，日本有一位叫熊崎健翁的學者，研究出一套關於姓名學的命名方式，經由日籍台灣留學生白惠文經熊崎氏的同意，翻譯成漢文，而傳回台灣。歷經幾十年來，命名的方式雖然很多，包括補八字派、天運五行派、形家派、格局派、九宮派、生肖派……等，不管姓名學派如何演繹，熊崎氏 81 劃數姓名學，在當下還是一直受到重視，而廣為運用。

三才五格喜忌都會配合熊崎氏 81 劃數姓名學。三才五格配置得宜，劃數為吉祥之數，則優必加倍；反之三才配合錯置，劃數為凶厄之數，則更具凶象。

第一節、筆劃數姓名學五行之定論

數理就是筆劃數，從 1 ～ 10 每個數字都有屬於自己本身的五行，所以劃數的配合就會有生剋關係與吉凶。

每一個數字也都代表著能力、疾病、天賦、個性、陰陽五行……等。以及由數字來得知其人的基本個性。

論命除了斷其一生際遇，人生的吉凶禍福之外，另一項重點就是個性推論。以八字為例：木火多，主性情急躁；金水多，主風流多情；火土多，主固執重信。故理論上由姓名中「人格」的劃數，就能約略知道其人的大概個性，但是影響個性的關鍵，尚有家庭、環境、長輩、同儕、風水、個人修養、兄弟姐妹……等而產生變化，故在論斷時，還是需要以「三才五格」配合論斷，才能更增加其準確性。

劃數陰陽五行所屬

五行	個位筆劃數	陰陽
木	1、11、21、31、41、51、61、71	陽
	2、12、22、32、42、52、62、72	陰
火	3、13、23、33、43、53、63、73	陽
	4、14、24、34、44、54、64、74	陰
土	5、15、25、35、45、55、65、75	陽
	6、16、26、36、46、56、66、76	陰
金	7、17、27、37、47、57、67、77	陽
	8、18、28、38、48、58、68、78	陰
水	9、19、29、39、49、59、69、79	陽
	10、20、30、40、50、60、70、80	陰

舉凡五行相生，「木→火→土→金→水」；五行相剋，「木→土→水→火→金」。陽陽、陰陰之剋為剛烈躁進，無情無義之性；陰陽、陽陰之剋為溫和有情，柔弱相濟之性。如 11 尾數是 1 屬陽木，15 尾數是 5 屬陽土，木剋土，為陽陽之剋，則土必受到傷害，消化系統就要注意保養。又如：11 尾數是 1 屬陽木，16 尾數是 6 屬陰土，木剋土，為陽陰之剋，一、六共宗水，合生成之數，為剋而有情，雖然消化系統毛病也有，不過都屬輕微病症，自然會迎刃而解。

三才五格姓名筆劃之算法

一、天格數算法：

1、單姓者：姓氏劃數加上假一，就是天格數。如「李冰高」，姓氏「李」為 7 劃加上 1，得「天格」數為 8 劃。

2、複姓者：姓氏兩個字的加總劃數，就是天格數。如「歐陽翔華」，「歐」為 15 劃，加上「陽」為 17 劃，得「天格」數為 32 劃。

3、冠夫姓：姓氏兩個字的加總劃數，就是天格數。如「林郭金雲」，「林」為 8 劃，加上「郭」為 15 劃，得「天格」數為 23 劃。其運算方式不管是雙姓單名或雙姓名，其天、人、地、外、總格算法，皆與複姓名相同，故以下就不做論述。

二、人格數算法：

1、單姓者：姓氏劃數與名字第一字相加，就是人格數。如「李冰高」，姓氏「李」為7劃加上名字第一字「冰」為6劃，得「人格」數為13劃。

2、複姓者：複姓第二字劃數與名字第一字相加，就是人格數。如「歐陽翔華」，「陽」為17劃，加上「翔」為12劃，得「人格」數為29劃。

三、地格數算法：

1、單姓者：名字兩字劃數相加，就是地格數。如「李冰高」，「冰」6劃加上「高 」10劃，得「人格」數為16劃。

2、單姓單名：名字劃數加上假一，就是地格數。如「李冰」，「冰」為6劃加上1，得「地格」數為7劃。

3、複姓者：名字兩字劃數相加，就是地格數。如「歐陽翔華」，「翔」為12劃，加上「華」為14劃，得「地格」數為26劃。

4、複姓單名：名字劃數加上假一，就是地格數。如「歐陽翔」，「翔」為12劃加上1，得「地格」數為13劃。

四、外格數算法：

1、單姓者：名字尾字劃數加上假一，就是外格數。如「李冰高」，「高」10劃加上1，得「外格」數為11劃。

2、單姓單名：上下皆空，劃數各為假一相加，就是外格數。如「李冰」，得「外格」數為2劃。只要是單姓單名，「外格數」均為2劃，這是不變的定理。

3、複姓者：姓氏第一個字與名字尾字相加，就是外格數。如「歐陽翔華」，「歐」為15劃，加上「華」為14劃，得「外格」數為29劃。

4、複姓單名：姓氏第一個字加上假一，就是外格數。如「歐陽翔」，「歐」為 15 劃加上 1，得「外格」數為 16 劃。

五、總格算法：

總格算法最為一致，無論單姓者、單姓單名、複姓者、複姓單名，都是將姓名全部劃數相加，就是總格數。如「李冰高」7 ＋ 6 ＋ 10 得「總格」數 23 劃；「李冰」7 ＋ 6 得「總格」數 13 劃；「歐陽翔華」15 ＋ 17 ＋ 12 ＋ 14 得「總格」數 58 劃；「歐陽翔」15 ＋ 17 ＋ 12 得「總格」數 44 劃。

單姓複名者算法

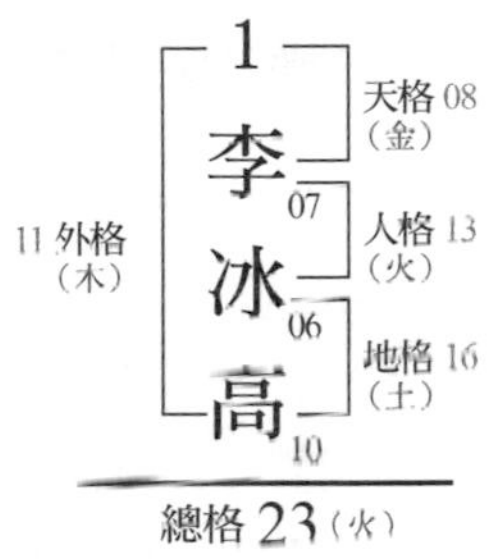

單姓單名者算法

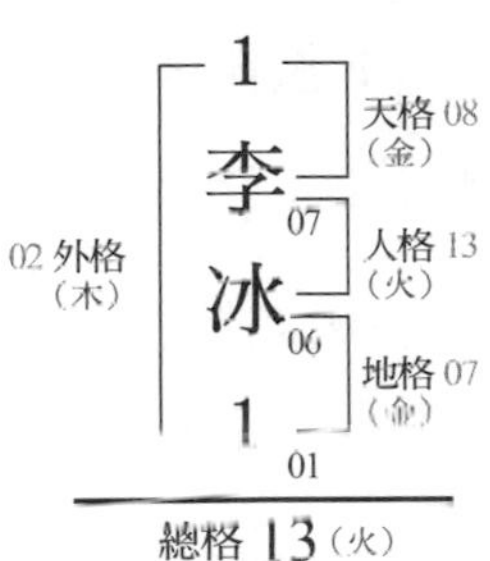

複姓複名者算法

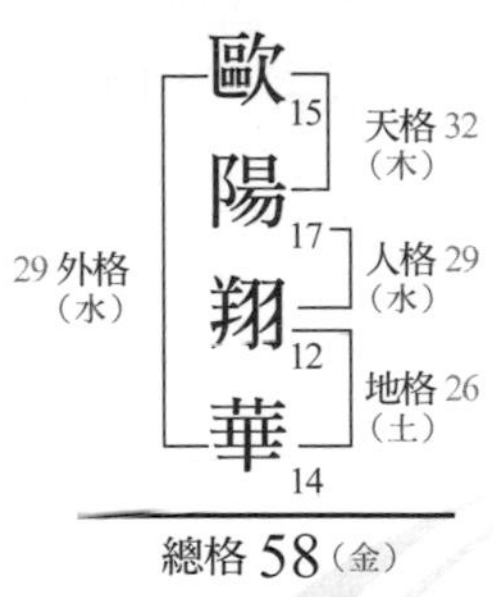

複姓單名者算法

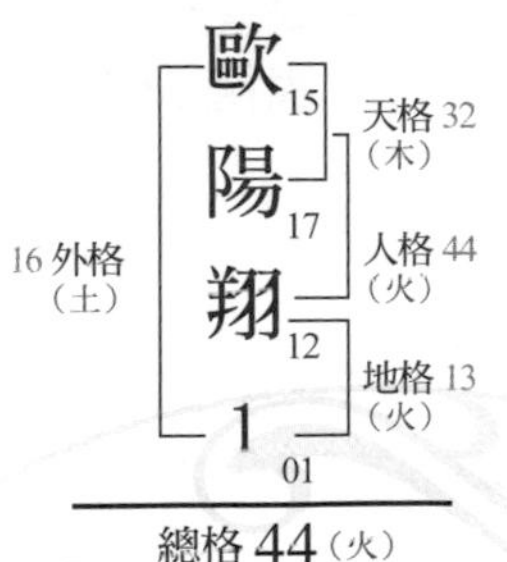

姓名「人格」尾數劃數與個性

1 **屬陽木：**個性溫和真誠，善於組織計畫，主其人有擔當，坦白大方，有毅力與向上之心。但通常好面子，自尊心頗強。

2 **屬陰木：**個性溫和仁慈，包容性特強，有耐心有毅力，善謀略行事穩健。但通常不善表達，有時過於憂鬱而寡歡。

3 **屬陽火：**個性陽光率直，樂觀主動有進取心，行事積極有活力。但通常由於心直口快而容易得罪人，過於主觀，屬於大而化之型。

4 **屬陰火：**個性溫和禮貌，樂觀進取，善解人意。但通常耐心不足，時有鬱鬱寡歡之象，具有藝術特質。

5 **屬陽土**：喜好交友，重情重義，興趣廣泛，聰明活潑好動。但通常容易交到損友。

6 **屬陰土**：個性樂觀自信，善溝通包容性強，謙和有禮，平易近人。但通常容易想太多，而錯失良機。

7 **屬陽金**：精明能幹，活潑開朗，勇敢有魄力，積極有理想。但幫助他人要量力而為，切勿常常利人而損己。

8 **屬陰金**：剛毅果決，穩健踏實，善於文學藝術，為人擇善固執。但做人講義氣，一定要有原則，不能是非不分。

9 屬陽水：聰明活潑，熱心慷慨，好交友不拘小節，喜歡幫助人。但通常太重面子，喜怒分明。

0 屬陰水：聰明文靜，隨和內斂，行事周延，善於謀略。但不善於與人互動，天馬行空，異想天開。

第二節、八十一劃數【吉】、【凶】靈動解析

八十一劃數，還本歸元，周而復始，基數為一；八十二劃數基數為二；八十三劃數基數為三，以此類推。如

九十五之數，扣八十之數，劃數便是十五；又一百一十之數，扣八十之數，劃數便是三十，特將劃數【吉】【凶】，分述如下：

一劃＝【吉】

健全發展，繁榮發達，眾人景仰，成功可望。萬物基本之大【吉】數，主健康、富貴、【吉】祥、幸福、長壽。為首之數，惟恐一般人難以承受之數。

二劃＝【凶】

少成多敗，成敗無常，上重下輕，搖搖欲墜。此數大抵家門不興，體衰身弱，平常要多加運動養身，否則時有疾病之狀，蓋因抵抗力太差所引起。

三劃＝【吉】

長上有援，貴人多助，天賜厚祿，名揚四方。權威名望之數，善於領導，才德兼備，可蔭助家庭，夫榮子貴，欣欣向榮，工作順暢，家門和樂。

四劃＝【凶】

烏雲密布，家門不興，要得契機，惟有恆心。此為【凶】厄短命之數，主美貌風流，易有桃花不名譽之事，且為孤獨、病弱、敗家、破滅之數。

五劃＝【吉】

陰陽交泰，完璧和合，駿業隆昌，家門興旺。縱使生於貧困之家，也能震業興家，主性情溫和，受人仰望，孝順父母，順從丈夫，惟男人恐有雙妻之象。

六劃＝【吉】

福至天降，歡喜臨門，積極奮發，宏業日榮。與五劃數有異曲同工之妙，能震業興家，主性情溫和，受人仰望，孝順父母，順從丈夫，惟男人恐有雙妻之象。

七劃 =【吉】

精神充沛，聰明黠慧，樂觀進取，奮力成功。外表剛強，內心柔弱之數，積極奮發向上，排除萬難，終有所成。尾數 7、8 屬金劃數多者，容易有意外之傷害。

八劃 =【吉】

努力不懈，貫徹矢志，誠信踏實，偉業可成。與七劃數有異曲同工之妙，外表剛強，內心柔弱之數，積極奮發向上，排除萬難，終有所成。尾數7、8屬金劃數多者，容易有意外之傷害。

九劃＝【凶】

才能顯現，付命無運，貴人無助，事業不展。此劃數盡量避免用之，尤其在人格、地格、總格。主短命、體弱、敗家、喪偶、晚婚、意外血光頻傳。

十劃＝【凶】

行運不展，身心交瘁，時運不濟，徒勞無功。極【凶】厄之數宜慎用之，主家道中落、病弱、孤獨、晚婚、喪偶、受謗、生離死別、意外血光之數。

十一劃=【吉】

久旱甘霖，欣欣向榮，積極精進，德孚眾望。此數多主性情溫和有禮，有權威與名望，蔭祖旺家，惟此數許多都是螟蛉過繼或是招婿之人。

十二劃=【凶】

意志消沉，孤立無援，常遭挫敗，徒勞奔波。此數不【吉】之論，主擁有美貌，但心性煩躁，易有桃花之劫，罹癌機率甚高，孤獨、抵抗力差、晚婚敗家之數。

十三劃=【吉】

衣祿豐足，才智兼備，思慮周詳，成功風望。此數之人大都有藝術天分之才，富創造力，擁有一技之長，惟此數許多都是螟蛉過繼或是招婿之人。

十四劃=【凶】

難辨是非，多敗少成，意志薄弱，勞苦奔波。極【凶】厄之數宜慎用之，主擁有美貌兼藝術氣息，風流成性，但心性煩躁，易有桃花之劫，內剛外柔，敗家孤獨，體弱多病之數。

十五劃＝【吉】

為人謙和，虛懷若谷，人緣頗佳，門庭興隆。主性情溫和有禮，有權威與名望，蔭祖旺家，財富之數，易受人憐愛。惟生性風流，恐有雙妻之兆。

十六劃＝【吉】

德孚眾望，偉業有成，清雅富貴，威名四方。與十五劃數有異曲同工之妙，主性情溫和有禮，有權威與名望，蔭祖旺家，財富之數。惟生性風流，恐有雙妻之兆，此數並帶有首領之象。

十七劃＝【吉】

長上有援，貴人多助，務實事業，成功有望。此劃數有過於剛強之應，主晚婚、風流好色、喪偶、意外之災。但只要心存善念，溫文有禮，修身養性，則福祿綿長多壽。

十八劃＝【吉】

經商得利，誠信務實，把握良機，得償心願。此劃數為剛強之數，主權威有名望，凡事要以德服人，兼具包容，方能功成名就，福祿自得。惟尾數7、8屬金劃數多者，容易有意外之傷害。

十九劃=【凶】

事業早成，驟起驟落，人事不和，挫敗失意。極【凶】厄之數宜慎用之，主短命、敗家、體弱、喪偶、意外血光、生離死別，夫妻難白頭偕老。

二十劃=【凶】

心志遠大，時運不濟，多災多難，難成大業。極【凶】厄之數宜慎用之，主短命、敗家、自殺傾向、體弱、意外血光、生離死別、喪偶，破壞本身運勢，前程多阻。

二十一劃 =【吉】

辛勤耕耘，苦盡甘來，事業向榮，家道興隆。兼備智仁勇三達德，富貴首領之數，古時女命不宜，現今男女平等，女人獨當一面，比比皆是，此數也有夫妻難白頭之象。

二十二劃 =【凶】

四季不平，起落無常，困難重阻，險惡災臨。此數多為美貌之數，慎防情色之災，行事我行我素，晚婚、敗家、孤獨。高不成，低不就，家業難興。

二十三劃＝【吉】

朝陽東昇，名揚四海，職掌重權，事成功就。兼備智仁勇三達德，富貴首領之數，古時女命不宜，現今男女平等，女人獨當一面，比比皆是，夫妻重視彼此相處之道，自然能夠和諧共室。

二十四劃＝【吉】

溫和平順，和樂喜悅，駿業騰達，前程似錦。此數為財富豐盈，性情溫和，振興家業之【吉】數。不過會有風流之韻事，桃花事件迭起，一定要小心處理。

二十五劃＝【吉】

天時得宜，地利有之，人和若兼，宏業祥亨。此劃數天時地利得宜，最欠人和，所以在人際關係上，一定要更加強，如此不但人緣佳，而易惹人疼愛及憐惜。

二十六劃＝【凶】帶【吉】

【吉】【凶】參半，變化無常，有始有終，成功有望。具有藝術氣息，風流好色之數，男女關係要小心經營，況且此數家業不興，而且夫妻關係難齊眉。

二十七劃＝【吉】帶【凶】

謹言慎行，人和為要，成敗無常，步步為營。要多修身養性，與人為善，則稍可逢○【凶】化【吉】，否則此數為剛強之數，容易有自殺、喪偶、好色、意外血光、夫妻生離死別。

二十八劃＝【凶】

鬧旱成災，禍害迭起，大【凶】之數，受劫刑難。極【凶】厄之數宜慎用之，此數不祥，有晚婚、喪偶、行為失序、風流成性、刑剋遭難、夫妻生離死別之象。

二十九劃＝【吉】

智謀雙全，雄才偉略，積極奮發，幸福成功。此數具有美術、藝術之創意與領悟通識之能力，而且財富豐盈，不過夫妻之間相處要小心經營，因為有難白頭偕老之象。

三十劃＝【吉】帶【凶】

【吉】【凶】參半，大成大敗，善

惡不分，浮沉難定。夫妻關係最為要，逢之此數最不祥。不論男女，逢此數夫妻難齊眉，很難白頭偕老。事業則起伏不定，成敗無常。

三十一劃＝【吉】

明辨是非，服務關懷，力行實踐，智仁勇全。有權威名望，領導能力出眾，為人謙和圓融，虛懷若谷，可提振家業，衣食豐盈，晚歲得福。

三十二劃＝【吉】

幸運常至，喜悅活潑，歡喜和順，

如魚得水。此數主財產豐厚，性情溫和，主家業興盛，事成業就，但是要愛惜妻女，否則恐有雙妻之應。注意身體保健及預防意外之災，女性用之易為情所苦。

三十三劃＝【吉】

才德兼備，勇敢果決，廣結善緣，成就非凡。有權威名望，領導能力出眾，對於藝術才華，頗有通達之領悟力，而且時有意外之財，財帛豐富。

三十四劃＝【凶】

困難重阻，險難疊生，災厄臨身，

哀痛破滅。極【凶】厄之數宜慎用之，屬於【凶】惡之短命數，有自殺傾向，體弱、孤獨、喪偶、晚婚、意外血光、生離死別、刑傷迫害之象，一般人忌用。

三十五劃＝【吉】

溫柔和順，【吉】祥如意，才智兼備，諸事稱意。此數女德最為良，主溫和謙善，能孝順父母，體貼丈夫，疼愛子女，且有蔭家之應。但因為理想過高，異性緣又佳，東選西揀，以至於有晚婚的現象。

三十六劃 =【凶】

波瀾險阻，浮浮沉沉，意志不堅，多招【凶】禍。此數大凡有藝術通達之領悟能力，但亦有家業難興之象，而且多主身體衰弱，體弱多病，抵抗力不佳之應。

三十七劃 =【吉】

行善積德，添福添壽，以德服人，富貴無邊。威權名望之數，一生運勢順遂，安分守己，得貴鼎助，晚歲招祥。但此數稍嫌剛強、神經過敏及有桃花之應，宜小心處理。

三十八劃＝【凶】帶【吉】

聰明穎悟，有名無利，藝能之才，恆者得之。可以藝術揚名，有始有終，貫徹一致，必有所成。理想不宜過高，好高騖遠，則萬事難成，悲觀消極，庸碌一生，此數宜女不宜男。

三十九劃＝【吉】

襟懷光明，欣欣向榮，廣結善緣，富貴齊全。此數古時只適用於男子，如今平等社會，男女皆可，主財帛豐富，德佑四方。平生為人謙恭有禮，樂善好施，則一切不佳之應，皆盡化為烏有。

四十劃＝【吉】帶【凶】

沉穩謙讓，尚可成功，心高氣傲，難成宏業。此劃數與二十、三十同論，成功運不能久長，很多因為品行不良，行為失序，好投機、欠人和，以至於終歸失敗。

四十一劃＝【吉】

積極奮發，實事求是，努力不懈，名利齊揚。此數主財富豐盈，財源廣進。但是男人則有雙妻或生離死別之應，且此數許多都是螟蛉過繼或是招婿之人。

四十二劃＝【吉】帶【凶】

十有八九，展業不成，心志合一，方有所成。此數帶有藝術方面之才華，但因為意志不堅，難以達到精通之境。舉凡此數不論男女，皆有夫妻難以齊眉，白頭偕老之應。

四十三劃＝【吉】帶【凶】

外強中乾，華而不實，自立自強，和氣生財。做事有始無終，意志不堅，續航力不佳，終致失敗收場，婦女有此數主多情色，宜避之為要，且有晚婚喪偶之應。

四十四劃＝【凶】

家運退敗，事與願違，諸事不遂，勞而無成。極【凶】厄之數宜慎用之，主禍害臨身，意外血光，一切美好皆成幻影而破滅，易受詆毀、刑剋、生離死別之難。

四十五劃＝【吉】

平步青雲，日蒸向上，寒谷向陽，功成名就。所謂有志者事竟成，本身才華貴顯，志向遠大，只要努力不懈，三才五格配合又佳，必能克服萬難，成就偉業。

四十六劃 =【凶】

運勢多舛，多災多厄，意志不堅，人生茫然。舉凡此數多主體弱多衰，抵抗力不好，所以很容易衍生一些疾病。此劃數一般都在總格，若三才五格又配合不好，則一生多孤獨、辛勞。

四十七劃 =【吉】

貴仕相資，事業成功，諸事【吉】祥，家門有慶。此數多主貴人多助，合夥得利，可享幸福祥瑞之數。財富豐盈，交際手腕靈活，但忌諱剛愎自負，反而易生幻滅以及血光意外。

四十八劃=【吉】

足智多謀，德高望重，名利皆得，富貴雙全。姓名中劃數太多，已屬罕見，但公司命名則非常普遍，論法也如出一轍。為才華齊備，【吉】利貴顯，天賜厚祿之數。

四十九劃=【凶】

舊態延續，逢【凶】則【凶】，逢【吉】則【吉】，變化多端。有此劃數，三才配置一定要妥適，方能趨【吉】避【凶】。遇事總要慢開口，煩惱皆因強出頭。行事謹慎，認真做事，誠實做人，自可轉禍為福。

五十劃=【吉】帶【凶】

先盛後衰，成敗無常，短暫之成，難以延續。先好後壞，一定要持盈保泰，方能安然無恙。此數運勢多變，好運不長，壞運延綿，破家敗業，孤獨刑剋難免。

五十一劃=【吉】帶【凶】

先盛後衰，精力日竭，挫敗無助，老景消沉。【吉】中帶【凶】，好運難長久，晚運累不堪。故在名利已得之時，要未雨綢繆，謹慎行事，才不至於造成晚年破敗而無依無靠。

五十二劃＝【吉】

洞察時勢，思慮周詳，掌握先機，駿業始成。此劃數為財富可豐之數，只要善解人意，進退得宜，必享名利雙收。但是婦女有此數，難免有情色之應，一定要小心為要。

五十三劃＝【吉】帶【凶】

【吉】【凶】不定，勝敗無常，惟有自律，尚可求安。如傳統十字面相，甲字臉先【吉】後【凶】，由字臉先【凶】

後【吉】，故必須積極奮發，盡責負任，平日多積德，永保平安隨。

五十四劃 =【凶】

此數不【吉】，大【凶】之應，多災多難，橫生【凶】象。此數有大【凶】之徵，多主意外血光、家運不興、體弱多病、刑傷破害、短命孤寂，宜避用之。

五十五劃 =【吉】帶【凶】

五數最【吉】，【吉】中之至，盛【吉】反衰，【凶】惡之象。五數為最【吉】之數，五五加添，如同十二長生帝旺位，物極必反，盛【吉】必衰。外強中乾，華而不實，必須要有堅強的意志，克服萬難，方有所成。

五十六劃＝【凶】

意志不堅，時運未濟，信心不足，晚景難祥。做事優柔寡斷，執行缺乏勇氣，恆心毅力皆不足，大事難成之應。一定要樂觀進取，奮發向上，否則一事無成，晚景不堪。

五十七劃＝【吉】

冬去春來，時來運轉，春暖花開，

【吉】祥如意。個性剛毅果決，天賦異稟，幸福美滿，富貴【吉】祥之數。惟畢生難免有一、二次災厄，只要不屈不饒，誠信務實，一定能夠逢【凶】化【吉】，否極泰來。

五十八劃＝【凶】帶【吉】

早運【凶】險，前程暗昧，先苦後甘，晚景【吉】利。早運浮沉多變，困苦中行運，主先失後得，所以晴天時要存雨來糧，未雨綢繆，則晚運必有【吉】慶。

五十九劃 =【凶】

畏懼膽怯，功名難得，平庸度日，艱難重阻。成功者總是洞察先機，而此數之人就算好時機來臨，也不曾把握住機會，做起事來優柔寡斷，乏智缺信，前程暗淡。

六十劃 =【凶】

有勇無謀，遇事疑惑，做事草率，難有造就。謀定而後動乃是處事的基本原則，要時常自我肯定，任重道遠，否則此數易有憂躁難安，身心憔悴，刑傷破害之象。

六十一劃=【吉】帶【凶】

【吉】中帶【凶】，風波不息，謹慎行事，永保安康。平生多注重修身養性，積德行善，則名利兩全，富貴齊備。若一味心高氣傲，桀傲不遜，則家業難興，事業必敗。

六十二劃=【凶】

處事乏實，欠缺人和，身心失衡，自我沉淪。天時地利人和，缺一為美中不足，尤其人和欠缺，信用又不好，則貴人找不到，小人身邊繞，做起事來事倍功半，有志難伸。

六十三劃＝【吉】

隨心所欲，得享天福，一帆風順，萬事如意。萬物化育，晴空萬里，縱使有所橫逆，也能逢【凶】化【吉】。主起居安和樂利，事業蓬勃發展，富貴榮華綿長。

六十四劃＝【凶】

思慮不足，萬事難成，朝夕奔波，勞而無功。一生命運多舛，浮沉不定，凡事很難如願。此數帶有破壞、傷難、意外血光、生離死別之應，宜慎用之。

六十五劃 =【吉】

庶眾信賴，名聲遠傳，生機蓬勃，駿業日蒸。此乃福壽綿長，富貴無邊之【吉】數，主貴仕明現，家道興旺，一生平安如意，福祿自來，晚歲【吉】福，世第隆昌。

六十六劃 =【凶】

誠信不實，人和欠佳，利害相違，進退失序。守信用不僅是一種美德，更是為人處事不可或缺的基本道德，如常違之，則行事必定左右為難，進退維谷，災厄不斷。

六十七劃＝【吉】

天賜厚福，長上有助，事事如意，駿業宏展。得長上及貴人之助，成功運自然來得容易，只要廣結善緣，顏容常開，器量宏寬，則萬事亨通，百事【吉】昌，富貴自天來。

六十八劃＝【吉】

行事果斷，思慮周密，勤勉自勵，成功可達。天生富有創造領悟通達之能力，智謀兼備，偉業可成，發揮自己之所長，勇敢果斷，認真負責，則名利雙收，安享富貴。

六十九劃＝【凶】

搖搖晃晃，地基不穩，時運未濟，困境叢生。一生行運中有太多的逆境，久而久之會使人不滿現實而缺乏鬥志，終致衣食難安，事業挫敗，一事無成。

七十劃＝【凶】

虛浮飄渺，名利短暫，曇花一現，家運困蹇。終生潦倒無助，行運險阻窒礙，破敗、毀損、短命、意外血光、生離死別之應。此劃數不佳，宜慎用之。

七十一劃＝【吉】帶【凶】

勇敢無志，好逸惡勞，勤勉向上，方有所成。【吉】【凶】互見，隨時保持安泰，養精蓄銳，逢【凶】時有以待之，【吉】運之時加倍努力，奮發進取，自然步步青雲得路。

七十二劃＝【凶】

陰晴圓缺，時好時壞，智謀不足，成敗無常。月有陰晴圓缺，人有旦夕禍福，喜悅與悲苦得兼之數。先好後壞或先壞後好，平生宜多積德行善，修身養性，助人為樂。

七十三劃＝【吉】

誠信務實，認真工作，衣食可足，安暢無慮。努力貫徹其志向，雖不中亦不遠矣！人助也要自助，富責任心，毅力堅強，勇敢無畏，做事果斷，晚歲【吉】亨。

七十四劃＝【凶】

寅吃卯糧，坐吃山空，虛華無實，阻逆橫生。人之一生至少要有一技之長，學多無專則都只是虛浮之表象而已，智謀不足，能力不佳，終生勞苦，功名難期之數。

七十五劃＝【吉】帶【凶】

【吉】中帶【凶】，欲速不達，謹慎行事，【吉】利自來。此數做事不宜急躁，凡事要按部就班， 一步一腳印，精心規劃，執行貫徹，可望成功。若然進退失序，毫無章法，則災厄連連。

七十六劃＝【凶】

【凶】象之數，刑剋破害，禍延子孫，宜避用之。一生是非不斷，運勢不展，破祖敗家之數。察言觀色就是要趨【古】避【凶】，既然知道此數之不利，命名時宜盡量避之。

七十七劃＝【吉】帶【凶】

先【吉】後【凶】，先得後失，行運起伏，守成為上。【吉】中帶〇【凶】，好運在中年之前。故中年之前要養精蓄銳，未雨綢繆；中年過後要戰戰兢兢，守成為要。

七十八劃＝【吉】帶【凶】

財不露白，財透逢劫，行善積德，可保【吉】祥。先【吉】後【凶】，好運早來，【凶】象更甚於【吉】象。中年之前發達甚早，爾後日漸凋零，日暮西山，晚景淒涼之象。

七十九劃 =【凶】

意志不堅，起伏不定，消極退縮，難有成就。貧困交迫不安，事業窒礙難行，精神委靡不振，個性驕縱傲慢。如此【凶】厄之數，當然要捨之而棄用。

八十劃 =【吉】帶【凶】

貪得無厭，必遭橫逆，與世無爭，怡然自得。先好後壞之數，一生中困難中行運，辛勤勞苦，刑傷破害。在生活中力求自然和諧，清心寡慾，反而萬事現祥瑞。

八十一劃=【吉】

八十一數，還本歸元，駿業成功，萬事如意。萬物基本之大【吉】數，主健康、富貴、【吉】祥、幸福、長壽。身體力健，宏業向榮，順風揚帆，功成名就。

第三節、三才五格對應關係

五行生剋所代表的意涵，與十二生肖姓名學的解析有異曲同工之妙，意義大抵相同。

單姓複名者算法

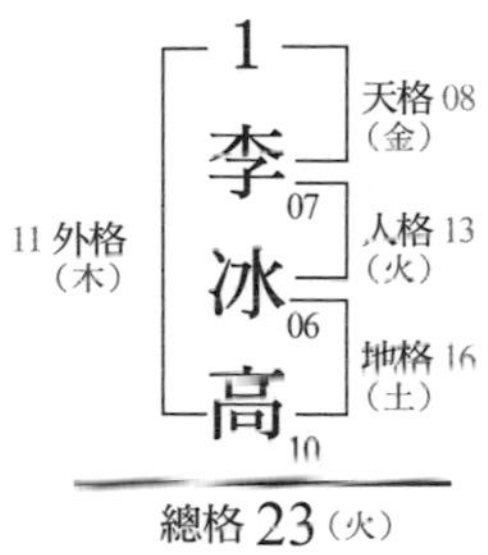

單姓單名者算法

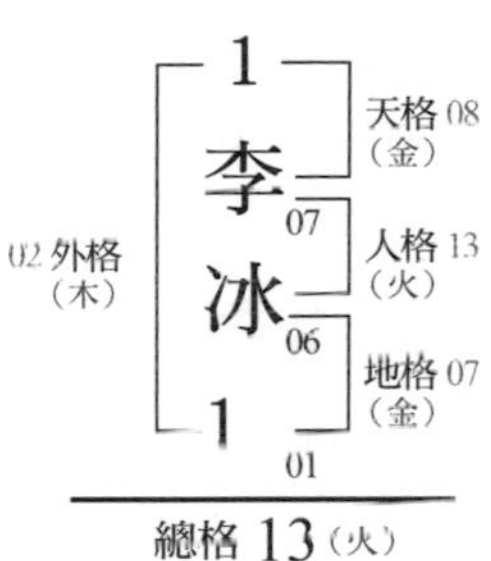

複姓複名者算法

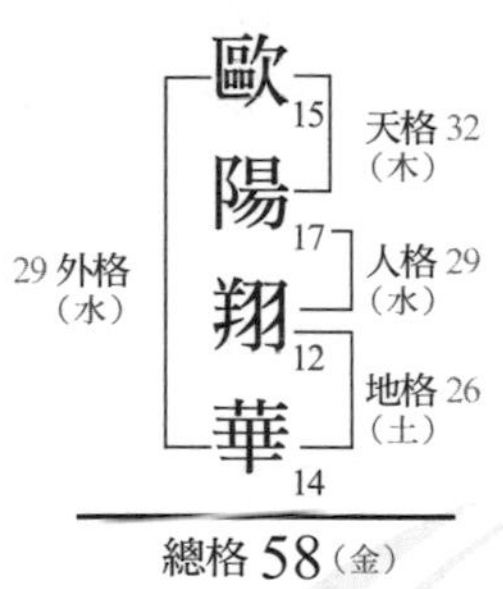

複姓單名者算法

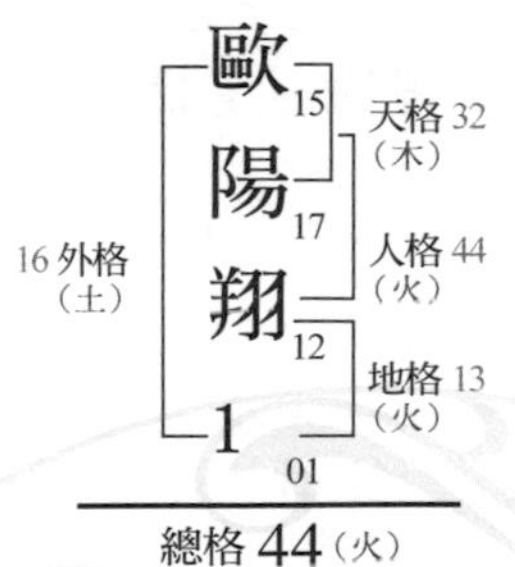

五行生剋所代表的意涵

我生：代表熱心付出，幫助別人，以「人格」為我，與「各格」的相互關係，主尊敬長輩，孝順父母，愛護妻兒，呵護部屬，寬以待人，奉獻家庭，腳踏實地，勤儉持家。

生我：代表得到助力，受到別人幫助，以「人格」為我，與「各格」的相互關係，主長上有援，貴人有助，妻賢子孝，得部屬助，依賴被動，人緣頗佳，財喜自來，功成名就。

比旺：代表互相幫助，相互付出受惠，以「人格」為我，與「各格」的相互關係，主與長上和睦，如同兄弟，互相尊重，家庭和諧，兄友弟恭，貴人有助，心志如一，成功有望。

我剋：代表性強剛烈，任性固執，以「人格」為我，與「各格」的相互關係，主反抗叛逆，主觀意識重，嚴求妻屬，教育甚嚴，企圖心強，人緣較差，孤僻排外，糾紛不斷。

剋我：代表壓抑無奈，辛苦無助，以「人格」為我，與「各格」的相互關係，主父母長上管教，易生排斥，妻子兇悍，部屬橫逆，朋友拖累，社交運差，主觀意識強，華而不實。

三才五格之間的對應關係

天格與人格的生剋關係：本身與父母長輩之間的互動，未來發展及貴人得助與否。

天格與地格的生剋關係：主幼年運得助與否及健康狀況。男性主妻子與公婆間之互動關係，女性主先生與子女間之互動關係。

天格與總格的生剋關係：顯現個人情緒、毅力、耐力、執行力之掌控。

天格與外格的生剋關係：顯現個人意志力、虛榮心、物質欲望及旅遊之狀況。

人格與地格的生剋關係：本身與子女、朋友間之互動關係，男性與妻子間之相處互動關係。

人格與總格的生剋關係：個人主觀意識強弱，對內與對外之行為表現。

人格與外格的生剋關係：本身外在社交人緣之表現，以及對於子女的對待。

地格與總格的生剋關係：顯現妻子與子女運勢強弱之表現。

地格與外格的生剋關係：顯現妻子與子女外在人緣之表現。

外格與總格的生剋關係：財運格局之高低，外在形象之評價，錢財花費之奢儉。

三才五格生剋關係

三才五格所產生的生剋比和的意涵，必須要配合陰陽五行來論斷，才能夠更深入去研究與更準確去判斷姓名的優劣好壞。我們都知道「1、2屬木」、「3、4屬火」、「5、6屬土」、「7、8屬金」、「9、10屬水」，而「1、3、5、7、9屬陽」、「2、4、6、8、10屬陰」。

太極生兩儀就是陰陽，陽剛陰柔，陰陽相生為盡情之生，有情之生；陰陽相剋為全面之剋，有情之剋。先不論靈動數吉凶，如天格劃數 11、人格劃數 17，則 17 陽金剋制 11 陽木，此為陽剋陽，力量最大。

此時 11 陽木必然受傷嚴重，表示本身叛逆性很強，對長上之管教常常有排斥、忤逆、爭吵、頂撞之現象；與上司的相處也常有摩擦；女性婚後對先生種種行為限制較多。

若天格劃數 12、人格劃數 17，則 17 陽金剋制 12 陰木，此為陽剋陰，陰陽異性相吸，所謂二七同道火，雖有剋制，但為有情之剋，力量輕微甚至沒有傷害。

據此讀者只要反覆練習，便能夠了

解其中的原理，論斷原則不外乎是五行相生「木→火→土→金→水」，五行相剋「木→土→水→火→金」，加上陰陽五行之配合論斷，則人生際遇之吉凶禍福就能知曉。

一、天格與人格的生剋關係

天格生人格：備受父母與長輩的關愛、照顧、栽培、呵護；得上司與長官的信任、重用、提拔；女性異性緣佳，婚後易得先生之疼愛與關心。

天格剋人格：父母、長輩對自己期望較高，也較為嚴格；上司、長官對自己管理要求較高，也較為嚴苛；婚後先生對自己期望較高，也會有過多不合理的要求與約束。

天格同人格：與父母、長輩較易溝通，和諧相處；與上司長官默契配合度佳，易成共識；婚後與先生相處融洽且和睦。

人格生天格：對父母孝順、敬重、關心、愛護；對上司服從、盡職、負責、認真;女性婚後對先生體貼、包容、撒嬌、付出。

人格剋天格：主觀意識強，對父母親管教易生排斥、頂撞、爭吵；對上司管教容易反駁，難以服從；婚後對先生期望較高，也會有過多不合理的要求與約束。

二、天格與地格的生剋關係

天格生地格：長上疼愛與關懷自己子女;妻子與子女，易受父母疼愛與關愛;先生特別疼愛子女。

天格剋地格：長上對自己子女管教比較嚴格或隔閡；妻子與子女，易受父母指謫或挑剔；先生與子女相處比較不融洽。

天格同地格：長上與自己子女相處

和諧；妻子和子女，與父母互動愜意；先生與子女感情和樂。

地格生天格：妻子和子女，與父母相處融洽；子女與父親感情和樂。

地格剋天格：子女對自己長上管教比較會有排斥感；妻子與父母相處時有隔閡；先生與子女互動不多或頻生口角。

三、天格與總格的生剋關係

天格生總格：長上會支持一切在外的行為表現，本身個人情緒、毅力、耐力、執行力之掌控，較能處之泰然，運籌帷幄。

天格剋總格：長上會嚴厲督促一切在外的行為表現，本身個人情緒、毅力、耐力、執行力之掌控，較為雜亂無序，做事乏成。

天格同總格：長上與自己對一切在外的行為表現方式想法一致，本身個人情緒、毅力、耐力、執行力之掌控，較能處之泰然，運籌帷幄。

總格生天格：外在的行為表現及條件，能夠取悅於長上、父母。

總格剋天格：外在的行為表現及條件，常常會讓長上、父母失望。

四、天格與外格的生剋關係

天格生外格：性喜社交，好交朋友，熱心助人，意志力堅強。

天格剋外格：很有責任感，甚麼事都想往自己的身上攬，要多注意身體健康。

天格同外格：長上與自己的朋友或對外的事務，都能夠贊同甚至參與。

外格生天格：與朋友或客戶相處融洽，早運貴人運望。

外格剋天格：常遭朋友或客戶的刁難與挑剔，早運不佳。

五、人格與地格的生剋關係

人格生地格：疼愛妻子及子女，愛

護部屬，家庭觀念濃厚。

人格剋地格：對子女與部屬管教比較嚴格，甚至會有隔閡而不易溝通，與妻子相處不甚融洽，頤指氣使，有大男人傾向。

人格同地格：與子女及部屬相處融洽，家庭觀念濃厚。

地格生人格：與妻子、子女、部屬互動熱絡，相處和諧，並可得援助。

地格剋人格：妻子個性較強，喜歡管我，難得子女及部屬之援助，甚至會有拖累之狀況。

六、人格與總格的生剋關係

人格生總格：個人主觀意識強烈，內心想甚麼就做甚麼，好壞都表現在行為模式上。

人格剋總格：個性剛毅，固執己見，處事猶豫不決，優柔寡斷。

人格同總格：個人主觀意識強烈，內心想甚麼就做甚麼，好壞都表現在行為模式上。

總格生人格：得後天環境之助，按部就班，一步一腳印，信心增強，貴人多助。

總格剋人格：後天環境發展不順遂，

以至於精神渙散，自我沉淪。

七、人格與外格的生剋關係

人格生外格：社交運好，人緣佳，樂於助人。

人格剋外格：比較會約束朋友，對配偶要求也比較高，性喜收穫不喜付出。

人格同外格：社交運好，與朋友或配偶之間，相處融洽，人際關係良好。

外格生人格：朋友或配偶，對自己有生助之情，人際關係佳。

外格剋人格：在朋友之中容易受到排擠，得不到助力，甚至犯小人時而有之，故不適合與人合夥。

八、地格與總格的生剋關係

地格生總格：妻子與子女可協助本身對外之互動，家庭和樂，互相扶持，相互關懷。

地格剋總格：妻子容易對現狀產生不滿，生活壓力大，常常庸人自擾。

地格同總格：與妻子關係良好互動佳，家庭和樂。

總格生地格：後天環境助我甚多，家庭融洽和樂，子女運甚佳。

總格剋地格：家庭氣氛難和諧，子

女運勢也不好，劃數皆凶感應更明顯。

九、地格與外格的生剋關係

地格生外格：妻子與子女人緣甚佳，盡心盡力的幫助他人。

地格剋外格：妻子與子女對自己在外的行為，並不認同，朋友往來不熱絡。

地格同外格：求學階段與朋友如知己一般，稱兄道弟，創業階段下屬與客戶頗能交心，事業發展就比較順遂。

外格生地格：妻子與子女外緣好，家庭與事業皆能得到助力。

外格剋地格：妻子與子女外緣並不

好，家庭與事業常常受到拖累。

十、外格與總格的生剋關係

外格生總格：本身易受到親友、客戶之助，貴人運亦佳。若人格與外格及總格循環相生，則財運最佳。

外格剋總格：難得親友、客戶之助，貴人運亦差。若劃數為吉者，則凶象自然減輕許多。

外格同總格：與朋友、客戶之間互動熱絡，相處融洽，財運中等。

總格生外格：對朋友及客戶很有包容力，也會熱心幫助，人緣頗佳。此與外格生總格一樣，有中上之財運。

總格剋外格：與朋友及客戶之間的互動，常常會有意見不合的現象，所以相處之道，就是要多禮讓、多尊重、多謙虛。

第六章

這年頭，每個人都需要懂的生肖姓名學

第一節、姓名與十二生肖主客體之關係

生肖姓名學以出生年天干地支為主體，也就是先天為主；以姓名為後天，也就是後天為輔，生比洩剋所產生的現象，如圖表所示：

五行 現象 生肖	木 （客體）	火 （客體）	土 （客體）	金 （客體）	水 （客體）
子、鼠 （水）	我生	我剋	剋我	生我	比旺
丑、牛 （土藏水）	我生	我剋	剋我	生我	比旺
寅、虎 （木）	比旺	我生	我剋	剋我	生我
卯、兔 （木）	比旺	我生	我剋	剋我	生我
辰、龍 （土藏木）	比旺	我生	我剋	剋我	生我
巳、蛇 （火）	生我	比旺	我生	我剋	剋我
午、馬 （火）	生我	比旺	我生	我剋	剋我
未、羊 （土藏火）	生我	比旺	我生	我剋	剋我
申、猴 （金）	我剋	剋我	生我	比旺	我生
酉、雞 （金）	我剋	剋我	生我	比旺	我生
戌、狗 （土藏金）	我剋	剋我	生我	比旺	我生
亥、豬 （水）	我生	我剋	剋我	生我	比旺

我生： 主體生客體，生肖生姓名五行，
代表熱心付出，幫助別人。

生我： 客體生主體，姓名生生肖五行，
代表得到助力，受到別人幫助。

比旺： 主客體比合，姓名與生肖同五行，
代表互相幫助，相互付出受惠。

我剋： 主體剋客體，生肖剋姓名五行，
代表性強剛烈，任性固執。

剋我： 客體剋主體，姓名剋生肖五行，
代表壓抑無奈，辛苦無助。

第二節、姓名拆解架構以及運勢分析

姓名拆解一般分為四種結構：單姓複名、單姓單名、複姓複名、複姓單名。姓名分為「天、人、地」三大部分，再將每部份分成「陰、陽」，名字的結構為「上陽下陰、左陰右陽、內陰外陽」，若無法拆解則陰陽共用，如人、口、一、日、月等，依其拆解之屬性，便能配合生肖斷其吉凶禍福。

1、單姓複名

例一：李龔訊

陰陽 拆解 姓名	陰	陽
姓	子	木
名一	衣	龍
名二	言	凡

例二：李至堉

陰陽 拆解 姓名	陰	陽
姓	子	木
名一	土	厶
名二	土	育

2、單姓單名

例一：陳盛

陰陽 拆解 姓名	陰	陽
姓	阜	東
名一	成	阜
名二	皿	成

例二：郭靖

姓名 \ 拆解 \ 陰陽	陰	陽
姓	享	邑
名一	青	享
名二	立	青

3、複姓複名

例一：上官 明利

姓名 \ 拆解 \ 陰陽	陰	陽
姓	官	上
名一	日	月
名二	禾	刂

例二：慕容 紫英

陰陽 拆解 姓名	陰	陽
姓	容	慕
名一	糸	此
名二	央	艸

4、複姓單名

例一：淳于 恒

陰陽 拆解 姓名	陰	陽
姓	于	淳
名一	亘	于
名二	忄	亘

例二：申屠 烈

姓名 \ 拆解 \ 陰陽	陰	陽
姓	屠	申
名一	列	屠
名二	灬	列

了解姓名陰陽如何拆解之後，配合與生肖屬性的關係，避免沖剋刑害，擇其十二生肖所喜習性，加上中國文字「形、音、義」，六書「象形、指事、會意、形聲、轉注、假借」，定五行之貴賤，決一生之禍福矣！

解析生肖姓名學陰陽邊，所代表之意涵與運勢分析姓氏代表意涵：

1、一～二十歲大運，一～廿五歲運勢。

2、與長輩上司緣分深淺，是否有祖產祖蔭，歷代祖先牌位安奉是否得宜，祖上風水好壞。

3、從事行業屬於勞力所得或是輕鬆擁有的賺錢形態。

4、個人名望、地位、形象、聲譽、功名貴顯與否。

5、個人神采、才華、抱負、成就之展現。

6、可觀視夫妻性格好壞、才華優劣、儀表相貌、得助與否。

7、個人反應能力、創造能力、領導能力、思考能力。

8、髮際至眉宇之間，也就是面相上停的位置，身體方面就是上焦的位置，審視病因、相貌。

9、陽宅住家優劣，睡眠品質好壞，靈力感應強弱，前世因果輪迴。

10、陽邊論個人聰明智慧，氣度威名；陰邊論個人名聲權勢，官彰爵厚。

名一代表意涵：

1、廿一～四十歲大運，十六～四十五歲運勢。

2、夫妻感情緣分深淺，平輩同儕相處關係，兄弟姐妹得助與否，命中貴人與小人。

3、工作能力的強弱，做事企圖心是否積極，執行策畫的能力，人際關係的手腕。

4、讀書學習的態度，聰明才智的高低，身體健康狀況，有無異性緣。

5、審視與父母親的關係。

6、透過刑沖會合害破，以及生肖屬性、食性、環境，觀看是否有老闆運。

7、個人心性、美醜、修為、膽識。

8、印堂至人中之間，也就是面相中停

的位置，身體方面就是中焦的位置，審視病因、相貌。

9、陽宅住家優劣，睡眠品質好壞。

10、個人開發能力、規劃能力、領導能力、執行能力。

名二代表意涵：

1、四十一～六十歲大運，三十六～六十五歲運勢。

2、與下屬晚輩的互動，兒女的教育方法，子孫賢孝與否。

3、工作事業是否順利，職位升遷平順與否。

4、夫妻之間相處的關係，性行為以及性能力是否和諧。

5、個人投資、投機、收藏之喜好。

6、審視錢財多寡，事業起伏、男性穿著、女性食祿。

7、個人潛在能力、表達能力。

8、人中至下巴之間，也就是面相下停的位置，身體方面就是下焦的位置，審視病因、相貌、福德、財富。

9、陽宅住家周邊巒頭好壞，氣場是否舒暢。

10、是否適合離鄉發展，出外奮鬥。

第三節、男女忌用字形解析及選擇

生肖姓名學考慮用字，除了配合主客體的刑沖會合害破以及生肖屬性、食性、環境喜忌之外，尚有男女忌用字體，簡述如下：

【一】暗藏隱疾，不得善終，一乃為生的結束，死的開始，所以這個字萬萬不能使用。

【純】常常會因愛情而困惱、勞心傷神、身弱多疾之象，所以這個字非不得已，盡量不要使用。

【堯、舜、禹、皇、胤、雍、乾、帝、仙、聖】皇帝先賢之稱號，平民百姓不能

冒犯，要不然一生壓力很重，難以承受。

【京】淒涼的字形，暗藏不祥之兆，所以這個字儘量不要使用。

【幸、辛】辛苦的字形，身陷囹圄、囹圄之象，儘量避免使用。

【枝、梅、霜、雪、貞、霞、露、冬、冰、亭、月、寒、萍】等文字中帶有淒涼、孤寂、冷傲、稍縱即逝的意涵。女性用之，多易有晚年孤獨，身體健康不佳，美好事物不長久的現象。

【亞、次、姿、伶、嬪、妃、季、殿】女性名一用之，感情勢必不順，因為名一為夫妻宮位。（所以不要用在名一）

【真、典、英、美、叔、興、儿、共、支、反、取、異、貝】名二忌用撇字形，易造成事業多變，勞而無獲。（所以不要用在名二）

【枕、吶、夾、妓、旱、沐、孛、婊、彗、惶、菲】命名首重形、音、義之選擇，字義不佳的含意宜避用之。

【傺、奮、籤、嬭、氚、嫛】冷僻文字盡量不用，稱呼、書寫皆不易，會有懷才不遇的現象。

【勇、壯、剛、猛、奮、威、泰、光、飛、武、成、強】女性一般避用剛強的字體，表示好動，男性化。

【芬、芳、柔、弱、美、女、夢、媛、花、姿、苗】男性一般避用陰柔的字體，表示被動，做事優柔寡斷。

第四節、特殊部首的意義分析

十二生肖起源於中國，每一種生肖都有其各自所喜歡的食性、屬性、適合的生活環境，以下就公開很多特別意涵的部首解析，相信讀者對於十二生肖姓名學會更加認識，而在命名改名的時候運用自如。

1、洞：冂、凵、匚、用。

2、蛇形：勹、卩、夂、毛、乃、冖、色、

龜、也、它。

3、人：尹、氏、民、扌、手。

4、武器：斤、片、爿。

5、爪：第二字指雙手，第三字指雙腳。

6、夂：出頭、腳開開。

7、尸：門戶。

8、巛：水。

9、川：水、三條死蛇。

10、瓜：水果，猴子最喜歡，吃五穀生肖次之。

11、廾：第二字指雙手，第三字指雙腳。

12、瓦：平原、蛇形。

13、甘：出頭、草。

14、彐：開口吃。

15、彑：冠冕。

16、疋：彩衣。

17、缶：水器、藏水。

18、耒：藏羊。

19、方：冂。

20、臼：米具，吃五穀生肖可用。

21、舟：出頭、午馬、午火、車。

22、而：且、乃、再一次、四腳蛇、藏龍。

23、正：上下顛倒、忐忑、善變、心性不定。

24、角：陰邊為洞。

25、身：自己生肖。

26、繡：彩衣。

27、淵：水，另含有受限之意，居住的地方。

28、鬼：人，陰險小人。

29、魚：食肉生肖可用。

30、鼎：煮肉之器，食肉生肖可用，丑、未、酉、亥逢之表示祭祀犧牲。

31、皿：盛五穀之器，吃五穀生肖可用。

32、工：做工，勞心勞力，藏牛。

33、屯：丘、谷、小虎。

34、鳳：藏龍、雞。

35、成：戌。

36、虹：藏龍、牛、蛇。

37、曲：冊、柵欄、草堆。

38、昌：雙口。

39、辰、戌、丑、未，不喜相逢，有相沖、天羅地網、意外血光之應。

40、忠＝狗、孝＝羊、節＝馬、義＝牛。

第五節、各生肖所屬字體範例

範例 字體 條件	字體範例
子、鼠	子、鼠、一、壬、癸、水、北、冬、黑、李、孫、字、存、孝、孟、享、好、淳、潔、郭、庭、季、學、佟、黯、勳、首、至、壹、冠、洪、泳、詠、冰、泰、康、湘、淇、孩、孺、承、涵、泉、孔、孚、孳、孱、孛。
丑、牛	丑、牛、二、妞、紐、牧、皓、生、隆、特、士、產、牟、次、亞、浩、姓、性、先、物、造、薩、鈕、牲、笙、遲、牢、竺。
寅、虎	寅、虎、三、演、　、鑌、繽、山、嵐、年、叁、爭、彪、虞、處、爐、盧、虛、獻、虔、號、琥、唬、淨、靜、風、楓、林、森、崗、艮、良、純、屯、丘、嵋、崔、催、巖、岩、據、岑、岳、峯、峰、崇、楚、根、彬、岷、峻、崑。

卯、兔	卯、兔、四、東、春、卿、仰、迎、孵、柳、印、昴、茆、抑、逸、免、勉、冕、菟、月、朋、青、棟、凍、朝、林、木、郁、明、期、朗。
辰、龍	辰、龍、五、宸、農、震、振、京、鹿、貝、雲、言、語、君、民、龔、龐、攏、隴、瀧、瓏、朧、麒、麟、賀、寶、麗、晨、雨、尤、慶、巃、寵、展。
巳、蛇	巳、蛇、六、　、廴、几、虫、弓、川、連、達、巽、選、建、順、凱、張、弘、丁、毛、之、一、釘、己、婉、宛、苑、凡、風、佇、起、巴、巷、扈、邑、虹、蜂、營、蟬、貴、蜜、蜻、道、通、遠、延、庭、廷、遊、強、引、彎、弼。
午、馬	午、馬、七、火、紅、南、離、竹、朱、丙、赤、彤、炳、許、杰、烽、丹、馮、炎、杵、忤、仵、駿、榮、騏、駱、馳、驛、驊、熠、照、熙、篤、筠、馴、夏、炫、煜、煥、燕、為、騰、瑩、驃、駒、珠、煌。

未、羊	未、羊、八、朱、妹、末、茉、珠、株，美，善，群，羚，翔、洋、祥、詳、儀、姜、幸、南、達、澤、報、義、茱、洙、硃。
申、猴	申、猴、九、示、袁、伸、坤、神、紳、珅、暢、園、遠、環、寰、侯、福、禮、綜、宗、旭、祖、祈、祺、祇、祁、祐、社。
酉、雞	酉、雞、十、羽、隹、西、白、非、兆、飛、鳥、金、兑、劉、鐘、鍾、茜、進、雄、維、鴻、鶯、鵬、翔、裴、百、泊、柏、伯、醒、醇、鄭、配、鳴、鳳、鵑、鴛、鴦、鶴、鵲、鷹、芻、雍、翊、翰、翁、雅、集、雁、雙、翎、翡、翠、習、翌。
戌、狗	戌、狗、犬、 、忠、成、戎、國、咸、武、威、狄、獄、器、盛、戴、戒、狀、猶、猷、獻、獎、猛、獲、茂、城、然。
亥、豬	亥、豬、豕、核、該、孩、頦、家、豪、毅、象、豫、緣、眾、氦、咳、蒙、朦。

第六節、各種文字五行與特性及屬性範例

條件＼字體＼範例	字體範例
木	本、朱、李、村、杏、杉、東、松、林、枝、果、柳、栾、柏、柄、柯、校、根、桃、桔、桂、格、桐、桓、梅、森、棋、棟、楊、楚、楷、楓、業、楠、楦、樂、標、機、樺、樸、櫻、權。
火	炫、炳、為、烈、焜、然、焱、焦、煌、煙、煊、照、煦、煥、熙、熊、熠、燈、燕、營、螢、瑩、燮、榮。
土	圭、地、在、至、坎、坊、均、坦、垂、坤、坪、垣、城、堂、培、基、域、堅、堉、堃、場、堯、堡、境、增。
金	釜、釧、鈞、鈴、鉑、鉛、鈺、銀、銅、銓、銖、銘、銳、鋒、錫、鋼、錢、錦、錶、鍾、鐘、鎮、鎖、鏡、鐵、鑒、鑫、鑾。

水	永、求、汎、池、江、汪、沁、沈、沐、沖、沛、河、治、泊、況、泉、浤、泓、法、泳、泰、洋、洛、洵、浩、海、涓、涵、淑、淇、淳、清、添、淵、港、游、湘、湛、湯、溫、源、滔。
大	王、令、君、首、大、將、帥、聖、帝、皇、主、玲、珍、琴、冠、玉、理、太、天、夫、奕、琪、琳、瓏、珮、瑞、璋、玨、奏、珠、瑜、瑾、瑩、珅、琛、環、璇、瑪、瑤、旺、長、玫。
小	小、二、亞、少、士、臣、尖、姿、淑、叔、尾、次、尚、賢、爾、相、丞、吋、寸。
人	人、仁、任、介、仙、仲、伯、佑、伊、俊、得、德、依、儀、仕、佩、佳、偉、以、徐、律、復、何、信、休、傳、保、倫、修、健、伸、佐、余、侯、傑、從、徵、來、代、今、作。

肉	心、月、忠、恩、思、惠、慧、意、念、志、憲、勝、育、朋、肯、憶、胡、朗、郁、有、情、恆、恒、怡、悅、恬、悟、愛、息、恭、慈、愉、慕、青。
山	山、林、岑、岳、崙、岡、崗、岱、岩、瑞、嶺、嵐、邱、崑、屯、艮、良、郎、朗、峻、森、琳、楚、霖、淋、彬、梵、崢。
耳	耳、郭、鄭、鄧、陽、陳、陶、郎、鄒、酆、郝、鄔、邵、祁、阮、邱、郁、邢、郃、聞、耿、鄂、聶、聖、聰、防、聯、階、聚、聲、邦、郡、都、鄉、院、陸、陵、隆、際。
五穀	禾、叔、豆、麥、稟、秉、秀、豐、穀、穎、程、稚、穗、秋、莉、和、積、登、凱、利、臻、蓁、稜、粱、稼、科、秦、稷。
彩衣	衣、采、表、袁、裡、裴、襲、紅、紀、純、素、紘、紫、絹、維、綠、綸、緣、縝、縈、總、繡、市、帆、帛、帝、希、師、常、彩、彤、彥、彪、彬、杉、彭、彰。

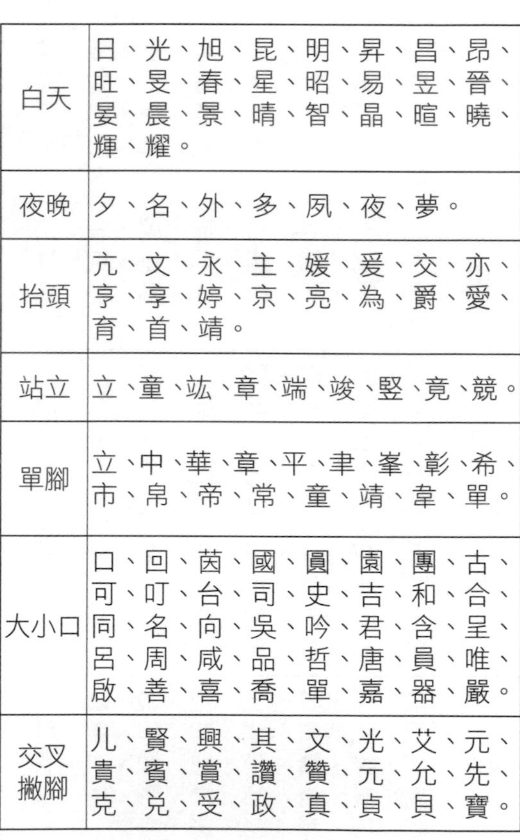

白天	日、光、旭、昆、明、昇、昌、昂、旺、旻、春、星、昭、易、昱、晉、晏、晨、景、晴、智、晶、暄、曉、輝、耀。
夜晚	夕、名、外、多、夙、夜、夢。
抬頭	亢、文、永、主、媛、爰、交、亦、亨、享、婷、京、亮、為、爵、愛、育、首、靖。
站立	立、童、竑、章、端、竣、豎、竟、競。
單腳	立、中、華、章、平、聿、峯、彰、希、市、帛、帝、常、童、靖、韋、單。
大小口	口、回、茵、國、圓、園、團、古、可、叮、台、司、史、吉、和、合、同、名、向、吳、吟、君、含、呈、呂、周、咸、品、哲、唐、員、唯、啟、善、喜、喬、單、嘉、器、嚴。
交叉撇腳	儿、賢、興、其、文、光、艾、元、貴、賓、賞、讚、贊、元、允、先、克、兌、受、政、真、貞、貝、寶。

洞穴、門欄	口、門、回、國、圓、園、古、台、吉、和、合、同、名、向、吳、吟、呂、品、守、安、宇、定、宏、宋、宗、家、宸、富、寧、寓、寬、寶、府、庚、庭、康、庸、廉、廣、龐、冠、厚、原。
草叢、平原	平、草、華、芝、芊、苓、范、荷、筠、芬、芳、芷、茂、芃、菁、芹、苗、茵、藝、蘋、茹、蓉、花、茗、若、英、荃、莊、莎、莉、荳、蒲、莆、菲、萊、菩、菊、萬、葉、蓮、蔡。
盤腿、翹腳	參、友、云、芸、耘、紜、弘、宏、紘、泓、竑、浤、文、雄、克、幼、幻、幽。

第七節、各種生肖喜歡或不喜歡之字型及字義例

生肖屬【鼠】喜歡的字型與字義

老鼠最喜歡披彩衣、戴冠、稱王、掌權、草叢、喜吃五穀雜糧、喜洞穴、喜夜晚、喜金、喜水，喜同類。申猴、辰龍三合局，亥豬、丑牛三會局。

喜用如下：

一、老鼠最喜歡洞穴，又喜歡黑暗或夜晚，舒適又安全，也比較容易生存。所以名字中宜有「口」「囗」、「宀」、「門」、「戶」、「厂」、「广」等字根，代表洞穴可以安身立命，得「厶」也代

表翹腳休息，生活安逸。

二、老鼠在生肖排名為第一生肖，可以掌權、稱王、稱霸。名字中宜選用有「王」、「令」、「冠」、「壹」、「尊」、「君」、「長」、「大」、「至」、「首」、「聖」、「帥」、「皇」、「將」、「帝」「主」等字最得體。

三、老鼠之生肖屬子，如遇申猴、辰龍為三合局，如「申」、「袁」、「辰」、「言」、「尤」、「民」、「展」、「麒」、「麟」、「宗」、「示」、「福」的字形，幫助力大，猶如遇上貴人，助益力最強。

四、名字中如有亥豬、丑牛為三會

北方水局，原則上必須有豬與牛的字形，方能形成三會局，若僅有單一字形，雖也有幫助，但作用力並不及單一三合局來得大。字形如「眾」、「豪」、「家」、「核」、「毅」或「丑」、「浩」、「生」、「隆」、「先」等。

五、黑暗或夜晚，老鼠會覺得非常有安全感，字形如「夕」、「銘」、「名」、「多」、「夜」等。

六、老鼠喜歡吃五穀雜糧。名字選用宜有「米」、「叔」、「豆」、「麥」、「禾」、「艸」、「粱」、「田」，表示得食，生活無憂，但是「叔」有逢小

的意思，表示降格，宜慎用之。

七、老鼠喜歡冠冕披彩衣。字根有「衣」、「巾」、「彡」、「巾」、「系」、「糸」邊最佳，顯得高貴，漂亮華麗，身價不凡。

八、老鼠五行屬水，喜歡金生水，代表得到助力，受到別人幫助；水水比旺，代表互相幫助，相互付出受惠。

生肖屬【鼠】不喜歡的字型與字義

老鼠不喜歡的字形有人字邊、木、火、土、巳蛇、午馬、未羊、太陽、耳朵、刀刃、逢肉、逢山、逢小、站立。

忌用如下：

一、屬鼠之人避免使用有「羊」、「妹」、「朱」的字形，因為子未害穿，歌訣:「羊鼠相逢一旦休」，主意外血光，命運多舛。

二、老鼠的天敵除了貓以外，最大的剋星就是蛇，字根如「辶」、「辵」、「川」、「几」、「巳」、「弓」、「丁」、「邑」，表示容易犯小人，性情不定。

三、老鼠為生肖之首，貴為天子，不喜歡做小，字形如：「士」、「娑」、「次」、「叔」、「小」、「亞」、「卿」、「臣」、「工」、「幼」，表示降格不得志，

能力無法施展，凡事難以做主，威儀全失。

四、屬鼠之人逢午火或馬字之字形，為水火相沖，表示行事困難，錢財難聚，婚姻易破，子息緣薄。

五、屬鼠之人避免有「木」、「火」、「土」之字形，子為水，木屬於卯兔字形，洩身主付出，而且子卯為無禮之刑。水火相剋主六沖之象，土剋水，身心難安。

六、屬鼠之人避免用有「日」、「光」、「明」、「亮」的字形，老鼠見光死，會有很強的危機感，行事不遂，坐立難安。

七、逢人字形如「亻」、「人」、「彳」，如過街老鼠，人人喊打，危機四伏，奔波勞碌。

八、老鼠是草食性動物，逢肉字根如「心」、「忄」、「月」、「肉」，表示身心欠安，健康堪慮。

九、老鼠逢山主辛苦、勞碌、奔波，如「山」、「丘」、「屯」、「艮」、「林」皆是。

十、老鼠站立，有如四面楚歌，隨時會有危險，字形如「立」、「章」、「童」、「端」、「翊」等。

生肖屬【牛】喜歡的字型與字義

牛喜歡逢小、草叢、喜吃五穀雜糧、喜洞穴寶蓋、喜門欄、喜夜晚、喜翹腳、喜金、喜水。喜巳蛇、酉金三合局，亥豬、子鼠三會局。

喜用如下：

一、牛喜歡有「艸」、「禾」、「叔」、「粱」、「麥」、「稻」、「豆」的字形，表示得食，生活無憂。

二、喜歡有「宀」、「广」、「門」、「戶」、「冖」、「厂」的字形，代表牛可以休息，不用風吹日曬，一生較安逸，但是「安」、「宇」成【牢】並不適用。

三、有「巳」、「虫」、「弓」、「川」、「辶」、「一」、「廴」的字形，暗藏蛇象，及有「酉」、「隹」、「鳥」、「羽」的部首為「巳酉丑」為三合，表示一生中貴人多。

四、名字中如有亥豬、子鼠牛為三會北方水局，原則上必須有豬與牛的字形，方能形成三會局，若僅有單一字形，雖也有幫助，但作用力並不及單一三合局來得大。字形如「亥」、「豕」、「子」等。

五、牛一生為農耕田無數，非常辛苦，若得有翹腳的字形如「厶」、「云」、「宏」，就可以時常有休息的機會，做

事容易順心，事半功倍。

六、牛不適合當老大，喜歡的字形如「小」、「士」、「亞」、「臣」、「相」、「幼」、「次」，表示得其位，適其所，按部就班，處事規矩。

七、牛五行為土藏水，喜歡金生水，代表得到助力，受到別人幫助；水水比旺，代表互相幫助，相互付出受惠。

生肖屬【牛】不喜歡的字型與字義

牛不喜歡的字形有人字邊、木、火、土、午馬、未羊、戌狗、太陽、耳朵、刀刃、逢肉、逢山、逢大、逢小口、彩衣、祭祀。

忌用如下：

一、屬牛之人忌用「心」、「月」、「肉」、「忄」的字形，主葷食。表示看得到，吃不到，精神失落，內心不安。

二、屬牛之人忌用「日」、「光」、「明」、「亮」、「顯」的字形，表示辛勤勞力，一生就是只有付出，小人多，少貴人相助。

三、屬牛之人忌用「王」、「帝」、「主」、「君」、「大」、「長」、「首」、「冠」的字形，表示犧牲奉獻，而且得不到回報，只因牛不夠格做大。

四、逢「示」、「口」之字形，「示」為祭祀，「口」為小口。牛、羊、豬為祭天之用，表示要獻出生命來換取榮耀。

五、屬牛之人忌用「羊」的字形，為六沖之象。表示容易有意外血光，開刀，生離死別的跡象。

六、屬牛之人忌用「馬」、「午」的字形，因為丑午害穿，歌訣：「白馬從來怕青牛」，主孩子管教不易，朋友無助，性急固執。

七、屬牛之人忌用「衣」、「衤」、「彡」、「巾」、「系」、「糸」的字形，與「王」、「示」、「口」一樣，都有犧牲奉獻，而得不到回報的現象。

八、屬牛之人避免有「木」、「火」、「土」之字形，丑為土藏水，木洩身主付出，水火相剋主六害穿，土剋水，身心難安。

九、屬牛之人忌用「山」的字形，牛平地耕田已經很辛苦，若是上山頭，肯定氣喘吁吁，表示更加勞累辛苦。

十、屬牛之人逢「田」、「車」的字形，表示有車可拖，有田可犁，雖然得位，但是小口太多，只是表面風光，先得後失。

生肖屬【虎】喜歡的字型與字義

老虎最喜歡披彩衣、戴冠、稱王、掌權、喜大、抬頭、冠冕、喜山林、喜肉、喜水、喜木。喜午馬、戌狗三合局，卯兔、辰龍三會局，但是逢辰龍則為龍爭虎鬥，並不適用。

喜用如下：

一、老虎喜歡有「心」、「月」、「肉」、「忄」之字形，老虎為肉食動物，主得其位，衣食無虞，吃穿不愁。

二、老虎喜歡有「卯」、「東」、「月」、「木」之字形，寅卯辰為三會，容易得到貴人相助。

三、老虎喜歡有「衣」、「巾」、「彡」、「巾」、「系」、「糸」的字形，增顯威儀，華麗其身。

四、老虎喜歡有武器的字形，代表虎牙、虎爪如「矢」、「斤」、「戈」可增威嚴，能力強。

五、遇有「山」、「林」、「丘」、「屯」、「艮」、「木」之字形，主得其位，老虎乃是森林之王，表示做事有霸氣、有威嚴，時運相輔。

六、喜有「王」、「帝」、「主」、「君」、「大」、「長」、「首」、「冠」之字形，表示說話有份量，地位崇高，

現代男女均適用，若在男女未平等之前女性用之，則主奔波辛苦。

七、老虎如遇「馬」、「午」、「南」、「離」、「火」、「戌」、「犬」、「犭」之字形為三合局，易得貴人之助。

八、老虎喜歡抬頭、加冠，表示做大，威風八面，有權柄、擔當，字形如「宀」、「卜」、「主」、「文」、「永」等。

九、老虎五行屬木，喜歡水生木，代表得到助力，受到別人幫助；木木比旺，代表互相幫助，相互付出受惠；火代表三合，雖然洩身，但是付出有回報，得貴人助之意。

生肖屬【虎】不喜歡的字型與字義

老虎不喜歡的字形有人字邊、土、金、寅虎、辰龍、巳蛇、申猴、太陽、耳朵、平原、門欄、五穀、逢口、逢小、翹腳。

忌用如下：

一、屬虎之人忌用「申」、「袁」、「示」、「侯」的字形，形成對沖，一生開刀、意外血光難免，身體易有病痛。

二、屬虎之人忌用「亻」、「人」、「彳」的字形，老虎喜歡自由，受人控

制會有危機感，傷人或自傷，造成兩敗俱傷。

三、屬虎之人忌用「門」、「柵」、「欄」之字形，老虎被關住，有如病貓一樣，英雄無用武之地。

四、屬虎之人忌用「田」、「艸」的字形，所謂「虎落平陽被犬欺」，表示降格，田字又有很多小口，不是自傷就是傷人，身心無奈至極。

五、屬虎之人忌用有小「口」、大「囗」的字形，小口主傷人或自傷，大口主受限，有志難伸之意。

六、屬虎之人忌用「士」、「姿」、

「次」、「叔」、「小」、「亞」、「卿」、「臣」、「工」、「幼」的字形，老虎喜歡做大，逢小為降格，說話沒份量，地位卑下。

七、屬虎之人忌用「虍」、「虎」、「寅」之字形，所謂「一山不容兩虎」，兩虎相爭必有一傷。

八、屬虎之人忌用「辶」、「廴」、「川」、「几」、「巳」、「弓」、「丁」、「邑」的字形。因為寅巳害穿，歌訣「蛇遇猛虎如刀戳」，主意外、血光、開刀、容易犯小人。

十、屬虎之人忌用「日」、「光」、

「明」、「亮」、「顯」的字形，老虎為森林之王，林蔭密佈，常常顯露在大太陽底下，就會無精打采，而一無所獲。

十一、屬虎之人忌用「禾」、「叔」、「粱」、「麥」、「稻」、「豆」的字形，表示看得到，吃不到，久而久之就會心生不滿。

十二、屬虎之人忌用「辰」、「龍」、「鹿」、「貝」、「言」、「雨」、「展」、「民」、「京」、「尤」的字形，所謂「龍爭虎鬥」，各強爭鬥，必有損傷，就算得利，也是傷痕累累。

十三、老虎是虎虎生風，威猛無比，

若有翹腳的字形如「ㄙ」、「云」、「宏」，就會很懶散，做事優柔寡斷，不夠積極。

十四、屬虎之人忌用「土」、「金」之字形，老虎五行屬木，木剋土主任性、固執；金剋木為六沖，主生病、意外血光、開刀。

生肖屬【兔】喜歡的字型與字義

兔子最喜歡披彩衣、喜吃五穀雜糧、喜洞穴、喜做小、喜水、喜木。喜亥豬、未羊三合局，寅虎、辰龍三會局，但是逢辰龍則為卯辰害穿，並不適用。

喜用如下：

一、兔子最喜歡的字形就是，小「口」、大「口」、「宀」、「广」、「門」、「戶」、「冖」、「厂」，所謂狡兔三窟，主得位，表示生活安樂，怡然自得，起居安適，但是「安」、「宇」成【冤】並不適用。

二、兔子有「寅」、「虎」、「虍」之字形，為寅卯辰三會局，可得貴人助，是為升格。

三、兔子五行屬木，喜歡水生木，代表得到助力，受到別人幫助；木木比旺，代表互相幫助，相互付出受惠。

四、兔子喜歡「禾」、「叔」、「梁」、

「麥」、「稻」、「豆」、「艸」之字形，表示衣食豐盈，愜意安然。

五、名字宜用有彩衣如「衣」、「巾」、「彡」、「巾」、「系」、「糸」之字形，表示喜悅活潑，人緣甚佳。

六、兔子喜歡有「士」、「姿」、「次」、「叔」、「小」、「亞」、「卿」、「臣」、「工」、「幼」的字形。兔子為小生肖，若逢大，則犧牲奉獻在所難免，而且時常會有危機四伏的感覺，即所謂「高處不勝寒」。

七、名字宜有「亥」、「羊」、「未」、「豕」的字根，因亥卯未三合，彼此互相幫助，一生貴人多。

生肖屬【兔】不喜歡的字型與字義

兔子不喜歡的字形有人字邊、火、土、金、辰龍、巳蛇、酉雞、太陽、耳朵、刀刃、逢肉、逢大、抬頭。

忌用如下：

一、字形有「酉」、「西」、「隹」、「金」、「兌」、「羽」為卯酉相沖，表示心亂無神，成敗無常，容易犯小人。

二、屬兔之人忌用逢大以及抬頭的字形，如「王」、「帝」、「主」、「君」、「大」、「長」、「首」、「冠」、「宀」、

「卜」、「主」、「文」、「永」，兔子若強出頭，勞力費神，必遭橫禍。

三、屬兔之人忌用「日」、「光」、「亮」、「明」之字形，犯了日月相沖，兔子代表「月」兔，與「日」就是日月對沖，容易與人對立，心性難定，處處危機。

四、屬兔之人忌用「亻」、「人」、「彳」與「巳」、「虫」、「弓」、「川」、「辶」、「一」、「廴」之字形，所謂：「守株待兔」，表示平時犧牲奉獻，開刀、血光、病痛等。

五、屬兔之人忌用「心」、「月」、

「肉」、「忄」之字形，兔子喜歡五穀雜糧，「葷食」代表食不知味，看得到吃不到，憂鬱寡歡。

六、屬兔之人忌用「山」、「林」、「丘」、「巿」、「艮」之字形，兔子為柔弱的動物，身處深山叢林之中，必有險惡之境遇，患得患失，無所適從。

七、屬兔之人忌用「辰」、「龍」、「鹿」、「貝」、「言」、「雨」、「展」、「民」、「京」、「尤」以及「子」之字形。卯辰為害穿，主心性不定，傷心難過，雖然子為水生卯木，但是子卯相刑，代表人際關係不好，容易遭小人，故宜慎用之。

八、屬兔之人避免有「火」、「土」、「金」之字形，兔子屬木，火洩身主付出，而且午火卯木也帶破；木土、金木相剋皆主身心難安。

生肖屬【龍】喜歡的字型與字義

龍最喜歡披彩衣、戴冠、抬頭、稱王、掌權、喜水、喜火、喜日月，喜午馬。喜子鼠、申猴三合局，寅虎、卯兔三會局，但是寅辰為「龍虎鬥」，卯辰為害穿，並不適用。

喜用如下：

一、名字宜有「王」、「帝」、「主」、「君」、「大」、「長」、「首」、「冠」、「令」之字形，主得位，一生受人尊敬。

二、名字宜有「日」、「月」雙珠，主騰雲駕霧，呼風喚雨；「月」遇龍為月珠，其它涵意皆不論；「昌」論雙口，主感情不順，宜慎用之。

三、宜選用有「申」、「袁」、「示」、「子」、「壬」、「癸」之字形，因申子辰三合，困難中逢貴人相助。

四、喜有「氵」、「水」之字形，神龍見首不見尾，主順心如意，自由自在，怡然自得。

五、喜有抬頭、戴冠的字根如「ㄊ」、「亠」、「爫」、「卜」、「主」、「文」、「永」等，主展露頭角，精神飽足。

六、龍喜用「午」、「馬」的字形，主「龍馬精神」，樂觀進取，積極行事，努力不懈。

七、名字宜用有彩衣如「衣」、「爫」、「彡」、「巾」、「系」、「糸」之字形，表示眾儕景仰，地位崇高，一言九鼎。

八、名字宜用有「酉」、「隹」、「鳥」、「羽」的字形，代表「龍鳳呈祥」，事事如意。

生肖屬【龍】不喜歡的字型與字義

龍不喜歡的字形有人字邊、土、金、木、丑牛、寅虎、卯兔、巳蛇、未羊、戌狗、逢肉、洞穴、小口、大口、五穀、草原、盤腿翹腳。

忌用如下：

一、屬龍之人忌用有小「口」、大「口」、「宀」、「广」、「門」、「戶」、「冖」、「厂」，形成困龍而受制，才能無法發揮。

二、屬龍之人忌用「戌」、「犬」、「犭」之字形，辰戌六沖，屬於天羅地網之沖，意外血光、開刀難免，人際關係也不佳。

三、屬龍之人忌用「士」、「姿」、「次」、「叔」、「小」、「少」「亞」、「卿」、「臣」、「工」、「幼」、「卒」的字形。逢小為降格，說話沒份量，地位卑下。

四、屬龍之人忌用「山」、「林」、「丘」、「屯」、「艮」的字形，「龍爭虎鬥」必有一傷，宜避用之。

五、屬龍之人忌用「巳」、「虫」、「弓」、「川」、「辶」、「一」、「廴」、「几」之字形，變成小龍為降格，企圖心變弱，委曲求全，成就不顯。

六、屬龍之人忌用「丑」、「牛」及「羊」、「未」的字形，主做事拖泥帶水，常常有不好的事情，糾纏不清。

七、屬龍之人忌用「艸」、「平」、「田」的字形，龍喜歡騰雲駕霧，逢草原表示「龍困淺灘遭蝦戲」，行動受制，才能無法發揮，一生難得志。

八、屬龍之人忌用「卯」、「兔」的字形，因為卯辰害穿，歌訣「玉兔見龍雲裡去」，為情傷心難過，為財奔波勞碌。

九、屬龍之人忌用「心」、「忄」、「肉」、「禾」、「叔」、「粱」、「麥」、「稻」、「豆」的字形。龍是不食人間煙火的呈祥之物，葷肉與五穀雜糧皆不食用，逢之會有浪費、糟蹋的現象。

十、屬龍之人忌用「亻」、「人」、「彳」的字形，逢之視為降格，貶為庶民，不受尊重，沒有地位，導致鬱鬱寡歡。

十一、龍是千變萬化，呼風喚雨的動物，若有翹腳的字形如「厶」、「云」、「宏」，就會很懶惰，做事優柔寡斷，執行力差。

十二、屬龍之人避免有「土」、「金」之字形，龍屬土藏木，木土相剋，易有刑傷，先盛後衰；金剋木，身心無奈。

生肖屬【蛇】喜歡的字型與字義

蛇最喜歡披彩衣、喜洞穴、喜木、喜火、喜金、逢肉、喜做小、喜辰龍，喜同類。喜丑牛、酉雞三合局，午馬、未羊三會局。

喜用如下：

一、蛇最喜歡有「酉」、「羽」「鳥」、「隹」酉雞的字形及「丑」、「牛」丑牛的字形，地支巳酉丑為三合局，一生中會有很多貴人相助。

二、蛇喜歡披彩衣，字形如「衣」、「⺮」、「彡」、「巾」、「系」、「糸」，蛇俗稱小龍，披上彩衣可升格為龍，而增其高貴。

三、蛇喜逢小「口」、大「口」、「宀」、「广」、「門」、「戶」、「冖」、「厂」的字形，表示有棲息藏身之所，被保護、呵護的意思。

四、蛇的五行屬火，喜歡木生火，代表得到助力，受到別人幫助，而且蛇很喜歡樹木，自由自在，無憂無慮；火火比旺，代表互相幫助，相互付出受惠，且有三會的力量；金雖然相剋，但與巳火有三合之助力，只是心性固執。

五、蛇喜歡逢「士」、「姿」、「次」、「小」、「少」「亞」、「卿」、「臣」、

「工」、「幼」、「卒」的字形。逢小主得位，能力方能展現。

六、喜歡有龍的字形，升格為龍之意，如「辰」、「龍」、「鹿」、「貝」、「言」、「雨」、「展」、「民」、「京」、「尤」的字形。主有地位，受人敬重。

七、老鼠和蛇喜同類，如「巳」、「虫」、「弓」、「川」、「辶」、「一」、「廴」、「几」的字形。猶如「蛇鼠一窩」，互相提攜，互相幫助之意。

八、喜歡有「午」、「馬」及「未」、「羊」的字形，巳午未為三會局，會有互相幫助的力量。

九、蛇喜歡有「田」的字形，田字四個口，主洞穴，有棲息藏身之所，生活逍遙，自由自在。

十、喜歡有「忄」、「心」、「肉」、「月」之字形。蛇屬於葷食動物，表示衣食無慮，心性開朗。而「心」為上等肉，屬蛇用之，生性會比較揮霍；「肉」、「月」為次等肉，蛇最適用；「忄」為下等肉，權用之。

生肖屬【蛇】不喜歡的字型與字義

蛇不喜歡的字形有人字邊、水、土、寅虎、亥豬、太陽、耳朵、五穀、逢山、

逢大、逢人、盤腿撇腳。

忌用如下：

一、屬蛇之人忌用「亥」、「豕」的字形，巳亥相沖為忌，主婚緣不佳，工作不定。

二、屬蛇之人避免有「土」、「水」的字形，蛇五行屬火，土洩身主付出，最怕遇到水，水火相剋，主身心難安，多事之秋。

三、屬蛇之人忌用「禾」、「叔」、「梁」、「麥」、「稻」、「豆」屬於五穀雜糧的字形。看得到吃不到，容易心生不滿，憤世忌俗。

四、屬蛇之人忌用「日」、「光」、「亮」、「明」之字形，蛇喜樹蔭、洞穴，逢日則猶如見光死，處處危機，身心不安。

五、屬蛇之人忌用盤腿、翹腳、撇腳「乂」、「ㄙ」、「儿」、「八」、「亅」的字形。畫蛇添足，多此一舉，論身體如腫瘤息肉；論工作則多變不順。

六、屬蛇之人忌用「亻」、「人」、「彳」的字形。人怕蛇，蛇也怕人，時常處於危險狀態中，戰戰兢兢，若逢雙人，恐永遠一直付出，犧牲奉獻。

七、屬蛇之人忌用「寅」、「虎」、

「虍」的字形，因為寅巳害穿，歌訣「蛇遇猛虎如刀戳」，主血光、意外，容易犯小人。

八、屬蛇之人忌用「山」、「丘」、「屯」、「艮」的字形，山上是老虎的天下，與寅巳害穿刑剋相同。

九、屬蛇之人忌用「王」、「帝」、「主」、「君」、「大」、「長」、「首」、「冠」、「令」的字形。蛇為小生肖，逢大為不夠格，所以容易讓人瞧不起，不被尊重。

生肖屬【馬】喜歡的字型與字義

馬最喜歡披彩衣、冠冕、草叢、喜吃五穀雜糧、喜大洞穴、喜木、喜火，喜大、喜辰龍。喜寅虎、戌狗三合局，巳蛇、未羊三會局。

喜用如下：

一、馬喜歡有「寅」、「虎」、「虍」老虎的字形及「戌」、「犬」、「犭」狗的字形為三合局，易得貴人之助。

二、馬如遇「巳」、「虫」、「弓」、「川」、「辶」、「一」、「廴」、「几」蛇的字形及「羊」、「未」羊的字形為三會局，表示能夠互相扶持，相互幫助。

三、馬喜歡有「禾」、「叔」、「粱」、「麥」、「稻」、「豆」屬於五穀雜糧的字形。表示一生衣食無缺，生活安逸。

四、適用有「艸」的字形，除了是馬的主要糧食之外，馬也喜歡在草原上自由奔馳，表示無拘無束，怡然自得。

五、喜歡大洞穴「宀」、「广」、「厂」、「冖」、「門」的字形，主能有遮風避雨之所，受保護、呵護之意。

六、馬喜歡有「衣」、「衤」、「彡」、「巾」、「系」、「糸」的字形，表示戰馬、千里馬，頭角崢嶸，勇猛威儀。

七、馬遇「辰」、「龍」、「鹿」、

「貝」、「言」、「雨」、「展」、「民」、「京」、「尤」龍的字形。主有地位，受人敬重，行事積極，努力有勁。

八、馬的五行屬火，喜歡木生火，代表得到助力，受到別人幫助，但是有被拴住的感覺，行動受限、受制；火火比旺，代表互相幫助，相互付出受惠。

九、馬為大生肖，喜歡有「王」、「帝」、「主」、「君」、「大」、「長」、「首」、「冠」、「令」的字形。成良駒，千里戰馬，無往不利。

十、喜歡有單人的字形，如「人」、「亻」，表示忠心，受保護的現象，但

是也有受牽制，欺騙之意，故宜慎用之。

生肖屬【馬】不喜歡的字型與字義

馬不喜歡的字形有人字邊、土、金、水、子鼠、丑牛、太陽、逢肉、逢米、逢山、逢田、盤腿、翹腳、撇腳。

忌用如下：

一、屬馬之人忌用「子」、「壬」、「氵」、「癸」、「北」、「水」、「坎」的字形。馬屬火，水火相沖，必有刑傷。

二、屬馬之人忌用「牛」、「丑」的字形，因為丑午害穿，歌訣「從來白馬怕青牛」，主膽小無識，慎防意外血光。

三、屬馬之人忌用「心」、「月」、「肉」、「忄」的字形，馬為葷食，表示看得到吃不到，生活不定，心性不安。

四、屬馬之人忌用「彳」兩個人的字形，所謂好馬不配雙鞍，主感情不定，朝三暮四之意。

五、屬馬之人忌用「山」的字形，馬在平原上可任意馳騁，上山辛苦可想而知，表示人際關係受限，才能難以施展。

六、屬馬之人姓名當中忌逢雙口，兩口成一「罵」字，不是罵人，就是被

人罵，一般都是罵人比較多，是非不斷。

七、屬馬之人忌用「田」、「車」的字形，馬為大生肖，下田耕作，表示降格，不受尊重，地位卑下之意。

八、屬馬之人忌用盤腿、翹腳、撇腳「乂」、「ㄙ」、「儿」、「八」、「亅」的字形。成為病馬，威儀全失，行事消極。

九、屬馬之人避免有「土」、「金」、「水」的字形，馬五行屬火，土洩身主付出；火剋金，行事多蹇；最怕遇到水，水火相剋，主身心難安，多事之秋。

十、屬馬之人忌用「士」、「姿」、

「次」、「小」、「少」「亞」、「卿」、「臣」、「工」、「幼」、「卒」的字形。逢小為降格，委曲求全，有志難伸。

生肖屬【羊】喜歡的字型與字義

羊最喜歡草叢、喜吃五穀雜糧、喜洞穴、喜翹腳、喜木、喜火。喜卯兔、亥豬三合局，巳蛇、午馬三會局。

喜用如下：

一、羊喜歡有「卯」、「兔」兔子的字形及「亥」、「豕」豬的字形為三合局，易得貴人之助。

二、羊如遇「巳」、「虫」、「弓」、

「川」、「辶」、「一」、「廴」、「几」蛇的字形及「午」、「馬」馬的字形為三會局，表示能夠互相扶持，相互幫助。

三、羊的五行屬火藏土，喜歡木生火，而且木藏兔為三合局，代表得到助力、受到別人幫助；火火比旺，火又藏午馬為三會局，代表互相幫助，相互付出受惠。

四、羊喜歡有「艸」、「禾」、「叔」、「粱」、「麥」、「稻」、「豆」屬於五穀雜糧的字形。表示一生衣食無缺，生活安逸，但是「豆」有小口，宜慎用之。

五、羊非常懂得知恩圖報，如有跪

乳字形，如「几」、「乃」等，表示為人謙卑、孝順。

六、羊喜歡有洞穴、門欄的字形，如大「口」、「宀」、「广」、「門」、「戶」、「冖」、「厂」、「冊」表示被飼養，受呵護之意。

七、羊喜歡逢「士」、「姿」、「次」、「小」、「少」「亞」、「卿」、「臣」、「工」、「幼」、「卒」的字形。逢小主得位，能力方能展現。

八、羊若得有翹腳的字形如「厶」、「云」、「宏」，就可以時常有休息的機會，做事容易順心，事半功倍。

生肖屬【羊】不喜歡的字型與字義

羊不喜歡的字形有人字邊、土、金、水、子鼠、丑牛、辰龍、戌狗、逢肉、彩衣、逢大。

忌用如下：

一、屬羊之人忌用天羅地網交沖的字，「辰」為天羅、「未」為地網，丑未相沖，戌未相刑，所以丑牛、辰龍、戌狗的字形皆不適用。用之表示不管事業、感情、錢財均有破。

二、屬羊之人忌用「丑」、「牛」的字形。兩者五行都藏土，土是愈沖愈旺，婚姻事業皆不順，刑剋很重。

三、屬羊之人忌用「子」、「壬」、「氵」、「癸」、「北」、「水」、「坎」的字形，六害子未害穿，歌訣「羊鼠相逢一旦休」，嚴重的刑煞，因為水火相沖，又是土水相剋，而且羊最怕水，又不喜歡喝水，尤其腳底碰到水，便會有生命的危險。

四、屬羊之人忌用「衣」、「⺮」、「彡」、「巾」、「系」、「糸」的字形，有犧牲奉獻，而得不到回報的現象。

五、屬羊之人忌用「心」、「月」、「肉」、「忄」的字形，主葷食。表示看得到，吃不到，精神失落，內心不安。

六、逢「示」、「口」之字形，「示」為祭祀，「口」為小口。牛、羊、豬為祭天之用，表示要獻出生命來換取榮耀。

七、屬羊之人忌用「王」、「帝」、「主」、「君」、「大」、「長」、「首」、「冠」的字形，表示犧牲奉獻，而且得不到回報，只因牛不夠格做大。

八、屬羊之人避免有「土」、「金」、「水」的字形，羊五行屬土藏火，土洩身主付出；火剋金，行事多蹇；最怕遇到水，水火相剋，主身心難安，多事之秋。

九、屬羊之人忌用「亻」、「人」、「彳」的字形。處處危機，犧牲奉獻，隨時有被祭祀的可能。

生肖屬【猴】喜歡的字型與字義

猴子最喜歡披彩衣、喜小、喜洞穴、喜夜晚、逢人、站立、喜土、喜水，喜子鼠、辰龍三合局，酉雞、戌狗三會局，但是三會申酉戌皆為金，金金相碰，難免會有刑傷，反而是減分，並不適用。

喜用如下：

一、猴子喜歡有「子」、「鼠」老鼠的字形及「辰」、「龍」、「鹿」、「貝」、「言」、「雨」、「展」、「民」、「京」、「尤」龍的字形為三合局，易

得貴人之助。

二、猴子喜歡有「衣」、「⺮」、「彡」、「巾」、「系」、「糸」的字形，有升格的意象，表示有地位，受人尊重。

三、猴子喜歡有「亻」、「人」、「彳」的字形，猴子逢人受人景仰，地位尊崇，但是人逢太多，則會有太愛現，任性而霸道。

四、猴子喜逢小「口」因為升格為人，表示夠份量。大「口」、「宀」、「广」、「門」、「戶」、「冖」、「厂」洞穴的字形，如魚得水一般，輕鬆自在。

五、猴子喜歡站立，表示精神奕奕，

人模人樣，字形如「立」、「章」、「童」、「竟」、「競」等。

六、猴子喜歡逢「士」、「姿」、「次」、「小」、「少」「亞」、「卿」、「臣」、「工」、「幼」、「卒」的字形。逢小主得位，適得其所，若逢大，就是愛出風頭，喜歡被拍馬屁，人緣不佳。

七、猴子的五行屬金，喜歡土生金，代表得到助力，受到別人幫助；喜歡水，因為水中藏鼠，有三合的助力。

生肖屬【猴】不喜歡的字型與字義

猴子不喜歡的字形有五穀雜糧、草

叢、木、火、金、寅虎、亥豬、太陽、耳朵、逢肉、逢山、逢大。

忌用如下：

一、猴子之人忌用「寅」、「虎」、「虍」老虎的字形，寅申對沖主刑傷，表示會有意外血光，開刀的現象。

二、屬猴之人忌用「豕」、「亥」豬的字形，因為申亥害穿，歌訣「豬遇猿猴似箭投」。主一生易犯意外血光，病痛開刀。

三、屬猴之人忌用「艸」、「田」、「禾」、「叔」、「梁」、「麥」、「稻」、「豆」的字形，所謂：「大猴損五穀」，糟蹋、毀損，表示感情不珍惜，金錢亂揮霍。

四、屬猴之人忌用「木」、「火」、「金」的字形，猴子五行屬金，金剋木，付出得不到回報；火剋金，行事多蹇；金金相碰，刑傷難免。

五、屬猴之人忌用有耳朵的字形，如「耳」、「阝」，表示受制束縛，做起事來綁手綁腳，難以盡情發揮。

六、屬猴之人忌用「心」、「月」、「肉」、「忄」的字形，猴子喜歡吃水果，逢肉與逢五穀雜糧一樣，糟蹋、毀損，表示感情不珍惜，金錢亂揮霍。

七、屬猴之人忌用「山」的字形，山屬老虎，為寅申正沖，表示會有意外血光，開刀的現象。

八、屬猴之人忌用「王」、「帝」、「主」、「君」、「大」、「長」、「首」、「冠」的字形，愛出風頭，喜歡被拍馬屁，人緣不佳。

九、屬猴之人忌用「日」、「光」、「亮」、「明」之字形，表示辛勤勞累，危機重重。

生肖屬【雞】喜歡的字型與字義

雞最喜歡披彩衣、喜吃五穀雜糧、

喜洞穴、喜單腳、喜做小、喜山、逢單口、喜土。喜丑牛、巳蛇三合局，申猴、戌狗三會局，但是三會申酉戌皆為金，金金相碰，難免會有刑傷，反而是減分，並不適用。

喜用如下：

一、雞五行屬金，遇丑牛、巳蛇為三合局，如「巳」、「虫」、「弓」、「川」、「辶」、「一」、「廴」、「几」蛇的字形，「丑」、「牛」牛的字形，幫助力最大，猶如遇上貴人，助益力最強。

二、雞喜歡有「衣」、「衤」、「彡」、「巾」、「系」、「糸」的字形，升格

為鳳凰，主有權勢，受人敬重。

三、雞喜歡逢「士」、「姿」、「次」、「小」、「少」「亞」、「卿」、「臣」、「工」、「幼」、「卒」的字形。逢小主得位，可愛有人緣，若逢大，就要一直付出，犧牲奉獻，而且得不到回報。

四、雞喜歡單腳站立，有如「金雞獨立」一般，字形如「中」、「干」、「平」、「華」、「市」、「立」等，表示能自力更生，健康快樂。

五、屬雞之人喜歡有「宀」、「广」、「門」、「戶」、「冖」、「厂」洞穴的字形，有休憩之所，受人保護，安穩舒適。

六、雞喜歡有「艸」、「田」「禾」、「叔」、「粱」、「麥」、「稻」、「豆」的字形，雞以素食為主，表示生活充實，安逸舒適。

七、雞喜歡有「山」的字形，雞上山頭，有升格為鳳凰之意，表示受人景仰與尊重。

八、喜歡有屬「龍」、「鳳」的字形，除了形成六合之外，也同樣具備升格為鳳凰，歡喜臨門。

九、喜歡逢單「口」，表示有權勢，有份量而受人敬重。若逢雙口，則變成容易犯口舌是非，招小人。

十、喜歡展翅飛翔，字形如「飛」、「非」、「兆」、「羽」等，表示人際關係好，工作輕鬆易得財。

生肖屬【雞】不喜歡的字型與字義

雞不喜歡的字形有人字邊、木、火、金、水、卯兔、申猴、戌狗、逢肉、逢大、雙口以上、盤腿翹腳撇腳。

忌用如下：

一、屬雞之人忌用「卯」、「兎」、「月」、「東」、「震」兔子的字形，卯酉對沖主刑傷，表示會有意外血光，開刀的現象。

二、屬雞之人忌用「戌」、「犬」、「犭」狗的字形，因為酉戌害穿，歌訣「金雞遇犬淚雙流」，雖然是三會，但是同屬金，金金難融，表示相互鬥爭，雞犬不寧，雞飛狗跳，但是遇上外敵還是會一致對外。

三、屬雞之人忌用「心」、「月」、「肉」「忄」的字形，雞不食葷肉，看得到吃不到，主委屈求全，事業難成，錢財難存。

四、屬雞之人忌用「王」、「帝」、「主」、「君」、「大」、「長」、「首」、「冠」的字形，總是為他人奉獻犧牲，

並且得不到回報。

五、屬雞之人忌用盤腿、翹腳、撇腳「乂」、「厶」、「儿」、「八」的字形。雞的腳若逢之，就如上供桌一樣，表示犧牲奉獻，委曲求全。

六、屬雞之人忌用「木」、「火」、「金」、「水」的字形，雞五行屬金，金剋木，付出得不到回報；火剋金，行事多蹇；金金相碰，刑傷難免；金生水，熱心助人，一直付出。

七、屬雞之人不要有雙「口」以上的字形，從早到晚叨念不停，所以就容易招人怨，且易犯小人。

八、屬雞之人忌用「亻」、「人」、「彳」的字形。犧牲奉獻，隨時有被宰殺祭祀的可能。

生肖屬【狗】喜歡的字型與字義

狗最喜歡披彩衣、平原、喜肉、喜洞穴、喜做小、喜人、喜火、喜土。喜寅虎、午馬三合局，申猴、酉雞三會局，但是三會申酉戌皆為金，金金相碰，難免會有刑傷，反而是減分，並不適用。

喜用如下：

一、狗五行屬金藏土，遇寅虎、午馬為三合局，如「寅」、「虎」、「虍」

虎的字形，「午」、「馬」、「竹」馬的字形，幫助力最大，猶如遇上貴人，助益力很強。

二、狗喜歡有單人，如「亻」、「人」的字形，表示對於愛情、朋友、事業，的經營，都能夠有始有終，一以貫之。

三、狗喜歡披彩衣，字形如「衣」、「衤」、「彡」、「巾」、「系」、「糸」，升格為虎，在社會上有地位，事業如意，受人敬重。

四、屬狗之人喜歡有「心」、「忄」、「肉」、「月」的字形，主得食，表示人際關係佳，生活無慮，事業順利。

五、屬狗之人喜歡有「宀」、「广」、「門」、「戶」、「冖」、「厂」洞穴的字形，有休憩之所，受人呵護，安穩舒適。

六、屬狗之人喜歡逢「士」、「姿」、「次」、「小」、「少」「亞」、「卿」、「臣」、「工」、「幼」、「卒」的字形。逢小主得位，人際關係好，事業平順。

七、狗的五行屬金藏土，喜歡土生金，代表得到助力，受到別人幫助；喜歡火，因為火中藏馬，有三合的助力。

八、屬狗之人喜歡逢「艸」，表示可自由自在任意馳騁，生活如意，事業順利，錢財能聚。

生肖屬【狗】不喜歡的字型與字義

狗不喜歡的字形有雙人字邊、金、水、木、丑牛、辰龍、未羊、太陽、五穀雜糧、逢山、逢口、逢大。

忌用如下：

一、屬狗之人忌用「辰」、「龍」、「鹿」、「貝」、「言」、「雨」、「展」、「民」、「京」、「尤」龍的字形。辰戌對沖，兩者五行都是土，愈沖愈旺，主刑傷，表示會有意外血光，開刀的現象。

二、屬狗之人忌用「酉」、「羽」、「隹」、「鳥」雞的字形，因為酉戌害穿，歌訣「金雞遇犬淚雙流」，雖然是三會，但是同屬金，金金難融，表示相互鬥爭，雞犬不寧，雞飛狗跳，但是遇上外敵還是會同仇敵愾一致對外。

三、屬狗之人忌用逢「口」的字形，姓名加總：單口成「吠」，雙口成「哭」，三口變「瘋狗」，四口成「器」有作為之意。

四、屬狗之人忌用「彳」兩個人的字形，表示不忠，主感情不定，朝三暮四之意。

五、屬狗之人忌用「金」、「水」、「木」的字形，狗五行屬土藏金，金中藏雞，「金雞遇犬淚雙流」，刑剋難免；

金生水，熱心助人，一直付出；金剋木，你爭我奪，互不相讓。

六、屬狗之人忌用「禾」、「叔」、「粱」、「麥」、「稻」、「豆」的字形，食不知味，婚姻事業均不佳。

七、屬狗之人忌用「日」的字形，所謂「狗吠日」，表示愛管閒事招人怨，易犯小人。

八、屬狗之人忌用「山」的字形，所謂「狗上山頭百獸欺」，山屬於老虎的字形，但是遇到午馬、戌狗，則不論虎只論山。主受欺凌，事事不順，才能難以展現。

九、辰戌丑未皆有天羅地網的意象，任何生肖都不喜相逢，表示遇上不好的事情總是糾纏不清，難以收拾。

十、屬狗之人忌用「王」、「帝」、「主」、「君」、「大」、「長」、「首」、「冠」的字形，容易招怨惹人煩，小人不斷。

生肖屬【豬】喜歡的字型與字義

豬最喜吃五穀雜糧、喜洞穴、喜翹腳、喜做小、喜金、喜水。喜卯兔、未羊三合局，子鼠、丑牛三會局。

喜用如下：

一、屬豬之人喜歡有「卯」、「兎」、「月」、「東」、「震」兔子的字形及「羊」、「未」羊的字形為三合局，易得貴人之助。

二、屬豬之人喜歡有「子」、「氵」、「冫」、「北」、「生」、「牜」、「丑」、「牛」的字形，亥子丑三會局，主一生貴人多。

三、屬豬之人喜歡有大「口」、「冖」、「宀」、「入」、「門」、「冊」洞穴門欄的字形、表示被飼養，被呵護保護著，生活舒適安逸。

四、屬豬之人喜歡有「艸」、「田」、

「禾」、「叔」、「梁」、「麥」、「稻」、「豆」的字形，主得食，朋友相處和樂，事業發展順遂。

五、豬的五行屬水，喜歡金生水，代表得到助力，受到別人幫助；喜歡水，水水比旺，水藏鼠有三會的助力；喜歡木，木中藏兔有三合的感應。

六、屬豬之人喜歡逢「士」、「姿」、「次」、「小」、「少」「亞」、「卿」、「臣」、「工」、「幼」、「卒」的字形。逢小主得位，人際關係好，事業平順。

七、豬喜歡有翹腳及夜晚的字形，如「ㄙ」、「云」、「宏」、「夕」、「夜」

等，就可以時常有休息的機會，做事容易順心，事半功倍，輕鬆賺錢。

生肖屬【豬】不喜歡的字型與字義

豬不喜歡的字形有人字邊、火、七、巳蛇、申猴、太陽、耳朵、逢肉、逢山、逢大、彩衣。

忌用如下：

一、屬豬之人忌用「巳」、「虫」、「弓」、「川」、「辶」、「一」、「廴」、「几」蛇的字形。巳亥對沖，主刑傷，表示會有意外血光、開刀、官非訴訟的現象。

二、屬豬之人忌用「申」、「侯」、「猴」、「袁」、「示」猴子的字形，因為申亥害穿，歌訣「豬遇猿猴似箭投」，主意外血光、開刀、病痛。

三、屬豬之人忌用有彩衣的字形，如「衣」、「⺴」、「彡」、「巾」、「系」、「糸」，等著上供桌，穿的漂漂亮亮，表示犧牲奉獻，委曲求全，一生難得志。

四、屬豬之人忌用「王」、「帝」、「主」、「君」、「大」、「長」、「首」、「冠」的字形，表示為別人犧牲，一生總是為別人付出，因為都是幫助他人，所以人緣不錯。

五、屬豬之人忌用抬頭、撇腳的字形，如「文」、「乂」、「儿」、「八」等，雙腳分叉，就是病豬，身心不安，健康也不佳。

六、屬豬之人忌用「亻」、「人」、「彳」的字形。犧牲奉獻，隨時有被宰殺祭祀的可能，也必須要注意會有開刀的現象。

七、屬豬之人忌用「心」、「忄」、「肉」、「月」的字形，看得到吃不到，若常常食用，就容易產生病痛，而且食不知味，美好的事物都會很短暫。

八、屬豬之人忌用有耳朵的字形，

如「耳」、「阝」，表示受制束縛，做起事來綁手綁腳，難以盡情發揮。母親愛管束，女友愛限制，錢財入不敷出。

九、屬豬之人忌用「日」、「光」、「亮」、「明」之字形，豬喜歡晚上休息，所謂「見光死」，表示辛勤勞累，危機處處。

十、屬豬之人忌用「火」、「土」的字形，豬五行屬水，水火相剋，刑剋最重；土來剋水，行事多蹇。

第七章

吉數命名配置資料庫

第一節、各姓氏最佳筆劃組合一覽表

以下各種姓氏的最佳組合，最佳組合就是五格全是吉數，天格，人格，地格，外格，總格之筆劃數都是吉數。所以在命名時如能選五格都是吉數最好，但有一些姓氏並沒有辦法選到五格全吉，那就能選四格吉，或三格吉，但至少人格及總格一定要是吉數。

劃數	二劃								
姓氏	卜、丁、刀、力、刁、匕、乃。								
姓名吉數的配合	13	(1) 2 4 12	3 6 16	13	(1) 2 3 12	3 5 15	11	(1) 2 3 10	3 5 13
		18			17			15	
	15	(1) 2 9 14	3 11 23	7	(1) 2 9 6	3 11 15	5	(1) 2 9 4	3 11 13
		25			17			15	
	13	(1) 2 9 12	3 11 21	5	(1) 2 19 4	3 21 23	8	(1) 2 9 7	3 11 16
		23			25			18	
	13	(1) 2 4 12	3 21 31	11	(1) 2 11 10	3 13 21	15	(1) 2 19 14	3 21 33
		33			23			35	

劃數	三劃								
姓氏	于、干、弓、子、土、川、女、上、山、大、丈、勺、千、士。								
姓名吉數的配合	6	(1) 3 8 5	4 11 13	11	(1) 3 3 10	4 6 13	8	(1) 3 8 7	4 11 15
	16			16			18		
	13	(1) 3 3 12	4 6 15	16	(1) 3 3 15	4 6 18	23	(1) 3 10 22	4 13 32
	18			21			35		
	7	(1) 3 12 6	4 15 18	6	(1) 3 13 5	4 16 18	15	(1) 3 18 14	4 21 32
	21			21			35		
	11	(1) 3 8 10	4 11 18	13	(1) 3 20 12	4 23 32	6	(1) 3 10 5	4 13 15
	21			35			18		

劃數	四劃								
姓氏	孔、毛、王、文、方、尤、牛、尹、元、卞、支、巴、仇、戈、公、勾、木、水、火、井、太。								
姓名吉數的配合	3	(1) 4 9 2	5 13 11	5	(1) 4 9 4	5 13 13	17	(1) 4 9 16	5 13 25
	15			17			29		
	17	(1) 4 9 16	5 13 25	6	(1) 4 12 5	5 16 17	13	(1) 4 13 12	5 17 25
	29			21			29		
	13	(1) 4 19 12	5 23 31	7	(1) 4 11 6	5 15 17	15	(1) 4 19 14	5 23 33
	35			21			37		
	16	(1) 4 20 15	5 24 35	23	(1) 4 3 22	5 7 25	23	(1) 4 9 22	5 13 31
	39			29			35		

<table>
<tr><td>劃數</td><td colspan="11">五劃</td></tr>
<tr><td>姓氏</td><td colspan="11">石、央、甘、田、白、申、包、丘、皮、平、令、左、古、冉、史、世、可、由、正、句、以、丙、玉、布、目、仙、市、巨、司、召、代、弘。</td></tr>
<tr><td rowspan="8">姓名吉數的配合</td><td>5</td><td>(1)
5
12
4</td><td>6
17
16</td><td></td><td>25</td><td>(1)
5
8
24</td><td>6
13
32</td><td></td><td>5</td><td>(1)
5
2
4</td><td>6
7
6</td></tr>
<tr><td colspan="3">21</td><td></td><td colspan="3">37</td><td></td><td colspan="3">11</td></tr>
<tr><td>6</td><td>(1)
5
3
5</td><td>6
8
8</td><td></td><td>7</td><td>(1)
5
18
6</td><td>6
23
24</td><td></td><td>15</td><td>(1)
5
10
14</td><td>6
15
24</td></tr>
<tr><td colspan="3">13</td><td></td><td colspan="3">29</td><td></td><td colspan="3">29</td></tr>
<tr><td>15</td><td>(1)
5
2
14</td><td>6
7
16</td><td></td><td>15</td><td>(1)
5
18
14</td><td>6
23
32</td><td></td><td>8</td><td>(1)
5
11
7</td><td>6
16
18</td></tr>
<tr><td colspan="3">21</td><td></td><td colspan="3">37</td><td></td><td colspan="3">23</td></tr>
<tr><td>6</td><td>(1)
5
8
5</td><td>6
13
13</td><td></td><td>7</td><td>(1)
5
10
6</td><td>6
15
16</td><td></td><td>17</td><td>(1)
5
8
16</td><td>6
13
24</td></tr>
<tr><td colspan="3">18</td><td></td><td colspan="3">21</td><td></td><td colspan="3">29</td></tr>
</table>

劃數	六劃								
姓氏	朱、牟、伊、任、伍、米、安、羊、全、伏、戎、后、百、吉、年、向、同、匡、有、仲、仰、光、自、列、老、多、羽、守、州、印、共、危。								
姓名吉數的配合	7	(1) 6 9 6	7 15 15	15	(1) 6 9 14	7 15 23	17	(1) 6 9 16	7 15 25
	21			29			31		
	6	(1) 6 10 5	7 16 15	8	(1) 6 10 7	7 16 17	16	(1) 6 10 15	7 16 25
	21			23			31		
	24	(1) 6 10 23	7 16 33	7	(1) 6 11 6	7 17 17	15	(1) 6 11 14	7 17 25
	39			23			31		
	18	(1) 6 12 17	7 18 29	15	(1) 6 19 14	7 25 33	17	(1) 6 19 16	7 25 35
	35			39			41		

劃數	七劃
姓氏	李、吳、宋、杜、江、何、呂、余、佘、辛、谷、巫、車、成、利、甫、池、岑、系、杞、良、我、伯、言、吾、汝、束、里、豆、希、貝、冷、別、步。

姓名吉數的配合

7	(1) 7 18 6	8 25 24	8	(1) 7 9 7	8 16 16	11	(1) 7 8 10	8 15 18
31			23			25		
8	(1) 7 18 7	8 25 25	16	(1) 7 9 15	8 16 24	17	(1) 7 8 16	8 15 24
32			31			31		
11	(1) 7 22 10	8 29 32	17	(1) 7 9 16	8 16 25	18	(1) 7 8 17	8 15 25
39			32			32		
6	(1) 7 10 5	8 17 15	7	(1) 7 10 6	8 17 16	8	(1) 7 10 7	8 17 17
22			23			24		

劃數	八劃								
姓氏	岳、宗、沈、卓、狄、屈、杭、牧、居、武、幸、宓、尚、明、始、長、昌、兒、征、析、庚、沙、東、汲、沓、帛、虎、知、京、念、來、委、金、孟、季、林、易、官、扶、和、汪、竺、沃、松、艾、於、房、祁、周。								
姓名吉數的配合	13	(1) 8 3 12	9 11 15	7	(1) 8 9 6	9 17 15	8	(1) 8 9 7	9 17 16
	23			23			24		
	17	(1) 8 9 16	9 17 25	6	(1) 8 10 5	9 18 15	7	(1) 8 10 6	9 18 16
	33			23			24		
	16	(1) 8 10 15	9 18 25	13	(1) 8 13 12	9 21 25	17	(1) 8 13 16	9 21 29
	33			33			37		
	8	(1) 8 10 7	9 18 17	11	(1) 8 13 10	9 21 23	11	(1) 8 3 10	9 11 13
	25			31			21		

<table>
<tr><th>劃數</th><th colspan="11">九劃</th></tr>
<tr><td>姓氏</td><td colspan="11">俞、施、柯、段、姚、姜、柴、紀、韋、查、侯、柳、風、封、秋、咸、皇、柏、羿、禹、南、約、勇、河、法、革、眉、後、計、冠、泰、宦、昭、宣、相、紅</td></tr>
<tr><td rowspan="8">姓名吉數的配合</td><td>21</td><td>(1)
9
12
20</td><td>10
21
32</td><td></td><td>7</td><td>(1)
9
9
6</td><td>10
18
15</td><td></td><td>13</td><td>(1)
9
4
12</td><td>10
13
16</td></tr>
<tr><td colspan="3">41</td><td></td><td colspan="3">24</td><td></td><td colspan="3">25</td></tr>
<tr><td>13</td><td>(1)
9
20
12</td><td>10
29
32</td><td></td><td>8</td><td>(1)
9
9
7</td><td>10
18
16</td><td></td><td>15</td><td>(1)
9
2
14</td><td>10
11
16</td></tr>
<tr><td colspan="3">41</td><td></td><td colspan="3">25</td><td></td><td colspan="3">25</td></tr>
<tr><td>11</td><td>(1)
9
22
10</td><td>10
31
32</td><td></td><td>5</td><td>(1)
9
12
4</td><td>10
21
16</td><td></td><td>8</td><td>(1)
9
8
7</td><td>10
17
15</td></tr>
<tr><td colspan="3">41</td><td></td><td colspan="3">25</td><td></td><td colspan="3">24</td></tr>
<tr><td>18</td><td>(1)
9
6
17</td><td>10
15
23</td><td></td><td>17</td><td>(1)
9
7
16</td><td>10
16
23</td><td></td><td>13</td><td>(1)
9
12
12</td><td>10
21
24</td></tr>
<tr><td colspan="3">32</td><td></td><td colspan="3">32</td><td></td><td colspan="3">33</td></tr>
</table>

劃數	十劃
姓氏	花、徐、孫、祖、淩、席、班、烏、貢、宮、家、祝、桂、唐、真、師、宰、起、修、留、馬、恭、軒、容、秘、索、桀、桓、倉、桃、展、桐、原、肥、洛、袁、秦、奚、倪、時、高、夏、洪、翁、益、桑、耿、殷、晁。

姓名吉數的配合

11	(1) 10 11 10	11 21 21	13	(1) 10 11 12	11 21 23	11	(1) 10 3 10	11 13 13
31			33			23		
15	(1) 10 11 14	11 21 25	5	(1) 10 11 4	11 21 15	13	(1) 10 3 12	11 13 15
35			25			25		
13	(1) 10 13 12	11 23 25	21	(1) 10 11 20	11 21 31	13	(1) 10 19 12	11 29 31
35			41			41		
8	(1) 10 14 7	11 24 21	18	(1) 10 14 17	11 24 31	11	(1) 10 13 10	11 23 23
31			41			33		

劃數	十一劃								
姓氏	粘、乾、參、區、國、許、將、邢、范、常、寇、曹、涂、張、麥、強、章、畢、符、戚、婁、那、英、胡、庸、梧、康、梅、商、苗、麻、梁、鹿、從、崔、崖、尉、海、浦、茅、苑、茆、婪、習、庚、偕。								
姓名吉數的配合	5	(1) 11 2 4	12 13 6	23	(1) 11 2 22	12 13 24	15	(1) 11 10 14	12 21 24
	17			35			35		
	13	(1) 11 12 12	12 23 24	5	(1) 11 20 4	12 31 24	21	(1) 11 21 20	12 32 41
	35			35			52		
	15	(1) 11 4 14	12 15 28	21	(1) 11 4 20	12 15 24	21	(1) 11 12 20	12 23 32
	29			35			43		
	17	(1) 11 5 16	12 16 21	11	(1) 11 14 10	12 25 24	24	(1) 11 14 23	12 25 37
	32			35			48		

劃數	十二劃
姓氏	黃、曾、邵、邱、彭、傅、程、阮、項、童、賀、喬、富、荊、堵、盛、景、荀、閔、喻、雲、費、焦、舒、理、堯、舜、雄、甯、淵、惠、貴、敦、朝、開、馮、單、能、強、越、嵇、須、郜、茹、鈕。

姓名吉數的配合

11	(1) 12 3 10	13 15 13	15	(1) 12 3 14	13 15 17	13	(1) 12 9 12	13 21 21
25			29			33		
15	(1) 12 9 14	13 21 23	17	(1) 12 9 16	13 21 25	11	(1) 12 11 10	13 23 21
35			37			33		
11	(1) 12 13 10	13 25 23	13	(1) 12 13 12	13 25 25	21	(1) 12 13 20	13 25 33
35			37			45		
5	(1) 12 19 4	13 31 23	15	(1) 12 19 14	13 31 33	13	(1) 12 11 12	13 23 23
35			45			35		

<table>
<tr><th>劃數</th><th colspan="9">十三劃</th></tr>
<tr><td>姓氏</td><td colspan="9">楊、莊、詹、游、雍、賈、雷、莫、虞、楚、湯、路、裘、衙、督、睦、義、新、祿、幹、郁、嵩、琴、鉗、塗、稠、椿、農、經、解、湛。</td></tr>
<tr><td rowspan="8">姓名吉數的配合</td><td>6</td><td>(1)
13
3
5</td><td>14
16
8</td><td>16</td><td>(1)
13
3
15</td><td>14
16
18</td><td>17</td><td>(1)
13
8
16</td><td>14
21
24</td></tr>
<tr><td colspan="3">21</td><td colspan="3">31</td><td colspan="3">37</td></tr>
<tr><td>13</td><td>(1)
13
4
12</td><td>14
17
16</td><td>7</td><td>(1)
13
12
6</td><td>14
25
18</td><td>13</td><td>(1)
13
12
12</td><td>14
25
24</td></tr>
<tr><td colspan="3">29</td><td colspan="3">31</td><td colspan="3">37</td></tr>
<tr><td>15</td><td>(1)
13
10
14</td><td>14
23
24</td><td>7</td><td>(1)
13
18
6</td><td>14
31
24</td><td>15</td><td>(1)
13
18
14</td><td>14
31
32</td></tr>
<tr><td colspan="3">37</td><td colspan="3">37</td><td colspan="3">45</td></tr>
<tr><td>11</td><td>(1)
13
8
10</td><td>14
21
18</td><td>6</td><td>(1)
13
11
5</td><td>14
24
16</td><td>18</td><td>(1)
13
18
17</td><td>14
31
35</td></tr>
<tr><td colspan="3">31</td><td colspan="3">29</td><td colspan="3">48</td></tr>
</table>

<table>
<tr><td>劃數</td><td colspan="11">十四劃</td></tr>
<tr><td>姓氏</td><td colspan="11">溫、連、廖、熊、華、赫、郤、郗、管、趙、裴、齊、壽、榮、臺、逢、造、端、輔、通、翟、僮、源、聞、韶、鳳、慎、郝、郜、臧、甄。</td></tr>
<tr><td rowspan="8">姓名吉數的配合</td><td>7</td><td>(1)
14
9
6</td><td>15
23
15</td><td rowspan="8"></td><td>13</td><td>(1)
14
9
12</td><td>15
23
21</td><td rowspan="8"></td><td>13</td><td>(1)
14
11
12</td><td>15
25
23</td></tr>
<tr><td colspan="3">29</td><td colspan="3">35</td><td colspan="3">37</td></tr>
<tr><td>15</td><td>(1)
14
9
14</td><td>15
23
23</td><td>17</td><td>(1)
14
9
16</td><td>15
23
25</td><td>23</td><td>(1)
14
9
22</td><td>15
23
31</td></tr>
<tr><td colspan="3">37</td><td colspan="3">39</td><td colspan="3">45</td></tr>
<tr><td>8</td><td>(1)
14
11
7</td><td>15
25
18</td><td>16</td><td>(1)
14
10
15</td><td>15
24
25</td><td>7</td><td>(1)
14
11
6</td><td>15
25
17</td></tr>
<tr><td colspan="3">32</td><td colspan="3">39</td><td colspan="3">31</td></tr>
<tr><td>13</td><td>(1)
14
19
12</td><td>15
33
31</td><td>25</td><td>(1)
14
9
24</td><td>15
23
33</td><td>17</td><td>(1)
14
2
16</td><td>15
16
18</td></tr>
<tr><td colspan="3">45</td><td colspan="3">47</td><td colspan="3">32</td></tr>
</table>

劃數	十五劃								
姓氏	劉、郭、葉、歐、董、葛、萬、樂、談、厲、黎、滿、魯、賢、閭、養、樊、墨、陜、頡、諒、廣、審、摯、褚。								
姓名吉數的配合	15	(1) 15 2 14	16 17 16	17	(1) 15 8 16	16 23 24	15	(1) 15 18 14	16 33 32
	31			39			47		
	8	(1) 15 9 7	16 24 16	16	(1) 15 9 15	16 24 24	24	(1) 15 9 23	16 24 32
	31			39			47		
	8	(1) 15 10 7	16 25 17	15	(1) 15 10 14	16 25 24	24	(1) 15 10 23	16 25 33
	32			39			48		
	16	(1) 15 18 15	16 33 33	7	(1) 15 10 6	16 25 16	25	(1) 15 8 24	16 23 32
	48			31			47		

劃數	十六劃								
姓氏	陳、陶、陸、潘、蒲、盧、賴、諸、閻、鮑、駱、錢、龍、運、錫、都、衡、穎、橋、鄂、燕、融、穆、衛。								
姓名吉數的配合	5	(1) 16 9 4	17 25 13	7	(1) 16 9 6	17 25 15	8	(1) 16 9 7	17 25 16
	29			31			32		
	15	(1) 16 9 14	17 25 23	17	(1) 16 9 16	17 25 25	5	(1) 16 13 4	17 29 17
	39			41			33		
	11	(1) 16 7 10	17 23 17	7	(1) 16 19 6	17 35 25	13	(1) 16 9 12	17 25 21
	33			41			37		
	16	(1) 16 8 15	17 24 23	17	(1) 16 7 16	17 23 23	17	(1) 16 13 16	17 29 29
	39			39			45		

劃數	十七劃								
姓氏	蔡、蔣、韓、鄒、鄔、謝、鍾、應、繆、陽、隨、糠、蓬、勵、翼、隸、轅、鞠、館、隆、蔚、賽。								
姓名吉數的配合	8	(1) 17 8 7	18 25 15	11	(1) 17 8 10	18 25 18	17	(1) 17 8 16	18 25 24
	32			35			41		
	7	(1) 17 12 6	18 29 18	7	(1) 17 18 6	18 35 24	18	(1) 17 18 17	18 35 35
	35			41			52		
	18	(1) 17 7 17	18 24 24	8	(1) 17 20 5	18 37 25	31	(1) 17 18 30	18 35 48
	41			42			65		
	13	(1) 17 6 12	18 23 18	16	(1) 17 20 15	18 37 35	11	(1) 17 6 10	18 23 16
	35			52			33		

劃數	十八劃								
姓氏	顏、魏、簡、闕、聶、豐、儲、戴、禮、環、繞、濟、瞿、隗、蕭。								
姓名吉數的配合	13	(1) 18 11 12	19 29 23	13	(1) 18 3 12	19 21 15	7	(1) 18 11 6	19 29 17
	41			33			35		
	11	(1) 18 11 10	19 29 21	13	(1) 18 5 12	19 23 17	17	(1) 18 13 16	19 31 29
	39			35			47		
	8	(1) 18 14 7	19 32 21	18	(1) 18 14 17	19 32 31	21	(1) 18 19 20	19 37 39
	39			49			57		
	7	(1) 18 7 6	19 25 13	11	(1) 18 7 10	19 25 17	16	(1) 18 14 15	19 32 29
	31			35			47		

劃數	十九劃								
姓氏	龐、醮、鄧、關、薄、鄭、薛、譚。								
姓名吉數的配合	18	(1) 19 12 17	20 31 29	11	(1) 19 6 10	20 25 16	17	(1) 19 13 16	20 32 29
	48			35			48		
	15	(1) 19 2 14	20 21 16	5	(1) 19 12 4	20 31 16	21	(1) 19 12 20	20 31 32
	35			35			51		
	8	(1) 19 6 7	20 25 13	23	(1) 19 10 22	20 29 32	18	(1) 19 16 17	20 35 33
	32			51			52		
	21	(1) 19 13 20	20 32 33	13	(1) 19 6 12	20 25 18	8	(1) 19 22 7	20 41 29
	52			37			48		

劃數	二十劃								
姓氏	羅、嚴、鐘、釋、藍、黨、寶、懷、籍。								
姓名吉數的配合	11	(1) 20 3 10	21 23 13	13	(1) 20 3 12	21 23 15	23	(1) 20 3 22	21 23 25
	33			35			45		
	8	(1) 20 4 7	21 24 11	18	(1) 20 4 17	21 24 21	13	(1) 20 9 12	21 29 21
	31			41			41		
	24	(1) 20 9 23	21 29 32	17	(1) 20 9 16	21 29 25	15	(1) 20 11 14	21 31 25
	52			45			45		
	21	(1) 20 12 20	21 32 32	13	(1) 20 13 12	21 33 25	13	(1) 20 5 12	21 25 17
	52			45			37		

劃數	二十一劃		
姓氏	饒、顧、瓏、巍、鐵、酈、續。		
姓名吉數的配合	15 (1) 21 2 14 22 23 16 37	11 (1) 21 8 10 22 29 18 39	24 (1) 21 8 23 22 29 31 52
	7 (1) 21 10 6 22 31 16 37	15 (1) 21 10 14 22 31 24 45	6 (1) 21 11 5 22 32 16 37
	21 (1) 21 11 20 22 32 31 52	7 (1) 21 12 6 22 33 18 39	13 (1) 21 12 12 22 33 24 45
	15 (1) 21 4 14 22 25 18 39	17 (1) 21 8 16 22 29 24 45	5 (1) 21 12 4 22 33 16 37

劃數	二十二劃								
姓氏	蘭、蘇、龔、權、邊、隱。								
姓名吉數的配合	11	(1) 22 3 10	23 25 13	13	(1) 22 3 12	23 25 15	15	(1) 22 3 14	23 25 17
	35			37			39		
	5	(1) 22 9 4	23 31 13	7	(1) 22 9 6	23 31 15	15	(1) 22 9 14	23 31 23
	35			37			45		
	17	(1) 22 9 16	23 31 25	6	(1) 22 10 5	23 32 15	16	(1) 22 10 15	23 32 25
	47			37			47		
	5	(1) 22 13 4	23 35 17	11	(1) 22 13 10	23 35 23	13	(1) 22 13 12	23 35 25
	39			45			47		

劃數	二十三劃								
姓氏	巖、欒、蘭、驗、顯。								
姓名吉數的配合	17	(1) 23 8 16	24 31 24	18	(1) 23 8 17	24 31 25	8	(1) 23 9 7	24 32 16
	47			48			39		
	17	(1) 23 9 16	24 32 25	7	(1) 23 12 6	24 35 18	13	(1) 23 12 12	24 35 24
	48			41			47		
	7	(1) 23 18 6	24 41 24	8	(1) 23 18 7	24 41 25	16	(1) 23 10 15	24 33 25
	47			48			48		
	15	(1) 23 10 14	24 33 24	15	(1) 23 2 14	24 25 16	16	(1) 23 9 15	24 32 24
	47			39			47		

第二節、命名、改名原則

本書提供之姓名學資料可供命名方式參考：

1、先選熊崎氏 81 數理姓名學筆劃（人格與總格）吉數來命名。（在本書中已將各姓氏筆劃之最佳組合格局完整整理出）

2、五格全部是 81 數之吉數。（在本書中已將 81 數吉或凶之數的字庫完整整理出）

3、除天格姓氏劃數不變之外，其於四格均是吉數。

4、至少總格及人格必須是吉數。

5、以人格為基準，地、外、總格來生人格；或以人格為基準，天、地、總格來生人格；或以人格為基準，總、外格來生人格。

6、再用十二生肖姓名學喜用字來搭配命名。（在本書中已將各生肖喜用及忌用之字形完整整理出）

以總合上述之排序自然能命出一組好名字。

第三節、開運改名上表疏文

改名須知

很多人因本名不雅或是不合適，便將名字做了更改，除了依法更改外，亦應稟告法界，可於改後每月的初一或十五，準備水果、金紙，到當地廟宇或土地公廟稟告眾神聖，文疏如下：

改名疏文

天地萬物本無物，今既有名父母賜，父母恩德天地大，於此感謝父母恩。

今為南瞻部洲台灣（地址）人民，庶姓名，原承父母恩賜，德澤猶如天地，因逢

庶名（　　　　　　　　　　　　），

故決定修改庶名為：

嗣後塵世人間呼名均以新名為主，凡有稟報天界庶名，亦如新名。

今後當以新名文字意，做為修行實踐佛法之依據，並依字意時時行善積德。

今擇　年　月　日　時，

誠心準備花果焚香禮拜稟報。

天界眾神聖大如來轉知虛空法界執事神明眷屬等賜福。

今特造文疏叩稟：

玉皇大帝

三官大帝

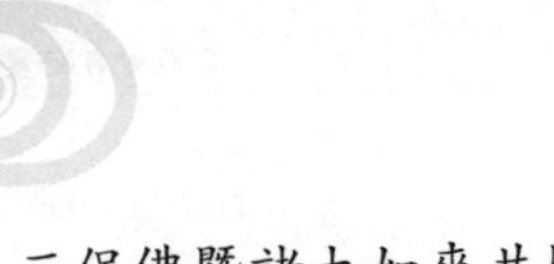

三保佛暨諸大如來共鑒！

弟子原庶名為：

於 年 月 日 時出生

今更改庶名為：